Evangelism
A Biblical Response to Today's Questions

복음 전도
오늘날의 질문에 대한 성서적인 답변

J. D. 페인 지음   허준 옮김

요단
JORDAN PRESS

Evangelism
A Biblical Response to Today's Questions

복음 전도
오늘날의 질문에 대한 성서적인 답변

초판 1쇄 발행 2020년 7월 25일
초판 2쇄 발행 2024년 3월 11일

지은이	J. D. 페인
옮긴이	허 준
발행인	김용성
기획	박찬익
제작	정준용
보급	이대성
펴낸곳	요단출판사
등록	1973. 8. 23. 제13-10호
주소	07238) 서울특별시 영등포구 국회대로 76길 10
기획	(02)2643-9155
보급	(02)2643-7290
	Fax(02)2643-1877

ⓒ 2020. 요단출판사 all rights reserved.

ISBN 978-89-350-1841-3
값 15,000원

Copyright © 2011 by J. D. Payne
Originally published in English under the title
Evangelism: A Biblical Response to Today's Questions
All rights reserved.
Used and translated by the permission of J. D. Payne
This Korean edition copyright © 2020 by Jordan Press, Seoul, Republic of Korea

이 한국어판의 저작권은 J. D. Payne과 독점 계약한 요단출판사에 있습니다.
신 저작권법에 의하여 한국 내에서 보호 받는 저작물이므로 무단 전재와 무단 복제를 금합니다.
본문에 인용된 성경 구절은 대한성서공회의 성경전서 개역개정판을 사용하였습니다.

모든 질문의 답이 되시는 영혼 구원의 주권자이신 주님께,
나의 질문에 대한 응답인 사라에게

권두언	6
추천사	8
글을 시작하며	13
서론	17

1. 그렇다면, 전도란 무엇인가?	22
2. 복음이란 무엇인가?	28
3. 회개란 무엇인가?	33
4. 구원받는 믿음이란 무엇인가?	40
5. 회심이란 무엇인가?	45
6. 회심은 일회적 사건인가, 계속되는 과정인가?	50
7. 거듭남이란 무엇인가?	55
8. 무엇으로부터 구원받는가?	61
9. 하나님께서 주관하신다면, 우리가 전도할 필요가 있는가?	68
10. 선택이란 무엇인가?	76
11. 사랑의 하나님이 사람들을 지옥으로 보내시는가?	91
12. 구원에 있어 자유 의지의 역할은 무엇인가?	98
13. 복음을 듣지 못한 사람은 어떻게 되나?	108
14. 어린이나 지적 장애인들이 죽은 후에는 어디로 가나?	117
15. 전도에서 성령의 역할은 무엇인가?	122
16. 전도에서 기도의 역할은 무엇인가?	130
17. 전도의 은사가 따로 있나?	138
18. 생활 전도란 무엇인가?	145

19. 전도할 때 무엇을 전해야 하나? 153
20. 전도할 마음이 들지 않아도 전해야 하나? 157
21. 전도할 때 사람들에게 부담을 주어야 하나? 162
22. 전도할 때 실수하면 어떻게 하나? 169
23. 대답하기 어려운 질문을 받으면 어떻게 해야 하나? 174
24. 낯선 사람들에게 전도하지 않는 것은 불순종하는 것인가? 180
25. 우리 교회가 복음 전도에 미온적이면 어떻게 해야 하나? 186
26. 성경 구절을 다 암기하지 못하면 어떻게 해야 하나? 192
27. 영접 기도는 무엇인가? 197
28. 영적인 대화를 어떻게 시작해야 하나? 202
29. 가족들이나 친한 친구들에게 복음을 전하는 최선의 방법은 무엇인가? 213
30. 전도한 후에 미래에 나누게 될 모든 주제에 대해 말해 주어야 하나? 218
31. 예수님 따르기를 원하는 사람들에게 어떻게 해야 하나? 225
32. 예수님 따르기를 원하지 않는 사람들에게 어떻게 해야 하나? 232
33. 전도할 때 나의 행동이 예수님과 같지 않은데 어떻게 해야 하나? 239

글을 맺으며 245
주(註) 248
더 읽을 책 258
성경 구절 색인 261

권두언

페인 교수는 실천 철학자인 플라톤, 종교 개혁자 마틴 루터, 청교도인 백스터, 침례교 설교자 스펄전 및 학자들이 알고 있던 것처럼, 소위 행동 양식과 관계 문제에 있어 다른 무엇보다도 대화를 통해 더 빠르고 깊이 있게 의사 소통이 된다는 것을 아는 사람이다. 그러므로 독자들은 페인 교수가 구성한 대화 속에서 로베르토가 지도하는 젊은 그리스도인 마크를 잘 이해해야 한다. 질문하고, 가르침을 받고, 배우는 자인 마크의 행보를 따라가야 한다.

  우선 마크는 영적인 배경이 전혀 없으며, 성경이 말하는 처음 죄를 짓기 시작한 인간의 모습을 보인다는 점을 알아 두어야 한다. 죄의 본질은 다양한 형태로 책임을 회피하게 하는 것이다. 아담의 경우 금단의 열매를 먹고도 이브에게 책임을 전가하고 있으며, 가인은 자기 아우 아벨을 죽이고도 모른 척하며 "내가 내 아우를 지키는 자니이까?"라고 퉁명스럽게 묻는다(창 3,4장). 오늘날 교회에서도 이런 모습은 낯설지 않다. 교회 의자에 점잖게 앉아서 다른 이들이 자기보다 신앙이 더 낫다고 생각하며 올바른 신앙을 배우려고 하지 않는 이들이 있으며, 전도 생활에 있어서도 다른 사람들이 자기보다 더 잘한다고 여기며 전도하지 않는 이들도 있다. 스스로 겸손하다고 여기며 마땅히 해야 할 일을 하지 않고, 자기 분수에 맞는 행동을 한다고 하면서 그리스도의 부르심을 회피하고 있다. 그러나 마크는 믿는 자이며, 회심한 그리스도인이고, 예수님의 제자로서 복음에 따라 살고자 한다. 마크가 전심으로 이 일을 수행하려 하고, 최선을 다해 배우고 실천하려는 그 모습을 우리들은 본받아야 한다.

마크와 같이 전도의 사명을 회피하지 않는 사람들은 이 책 속에서 많은 지혜를 얻을 수 있을 것이다.

J. I. 패커

추천사

오늘 저는 미국 남침례교 신학교의 저명한 실천 신학 교수인 J. D. 페인 박사님의 저서 『복음 전도』의 한국어 번역판 추천사 부탁을 받고 펜을 들었습니다.

복음 전도에 대한 많은 저술들을 접하여 왔으나 이 책은 기독교의 복음 전도에 대한 새로운 인식을 갖게 하는 책이었습니다. 페인 박사는 기독교의 복음을 세상 지식과 교양이나 신학 지식이 변증하는 말과 지식이 권하는 방법이 아닌 소탈한 일상적 신앙의 대화와 성경 말씀을 바탕으로 대화를 이끌며 성령에 의지하여 티 없이 말씀을 증거하는 방법을 도입하고 있습니다.

이 책의 특색은 부언의 설명이 없다는 것입니다. 인간 심리의 흐름과 호흡을 같이하는 문장의 흐름과 일상의 대화를 하듯이 서술하는 화술의 자연스러움은 사람의 심리의 흐름을 따라 죄, 회개, 믿음, 구원의 도리를 아주 자연스럽게 설명하며 인식시켜 주고 있습니다.

또한 복음 전도에 있어서는 하나님의 복음 진리와 구원의 도리에 대하여 성도들이 해야 할 도리를 하고, 그 외 부분은 하나님과 성령에 맡기는 전도자의 자세를 부담없이 잘 전개하고 있습니다. 이것은 참으로 놀랍고도 참신한 새로운 실천적인 복음 증거의 방안과 모색이 아닐 수 없습니다.

이 책은 오늘날 실천 신학이 새롭게 모색해야 할 이 시대의 복음 증거의 원리와 방법에 대해 잘 설명하고 있기에 이 시대의 복음 증거의 필독서로 권하고 싶습니다.

2020년 4월
침례신학대학교 전 총장 **허긴** 박사

추천사

이 시대만큼 교회의 내적 각성과 외적 영향력이 필요한 때가 많지 않아 보인다. 다양성과 상대성 그리고 개인주의화로 교회의 진리를 수호하고 전하는 일이 쉽지 않기 때문이라 한다. 이렇게 교회가 어려운 시대를 지나고 있다고 해도 예수 그리스도가 주신 지상명령은 어느 시대를 막론하고 아직도 유효하다.

복음 전도는 전도를 위한 특별한 은사를 받은 사람이나 이를 위해 특수한 교육을 받은 그리스도인들만 하는 것이 아니다. 일상에서 만나는 사람들 속에서 자신이 만난 예수 그리스도와 그로 인한 소망에 대한 이유를 전해야 한다.

그럼에도 복음을 전하는 일은 여전히 부담이 된다. 주저하게 되는 커다란 이유 중 하나는 실제 전도 과정에서 답하기 어려운 상황이나 질문에 맞닥뜨리게 된다는 것이다. J. D. 페인 교수의 책은 이런 점을 해결하기 위한 노력으로, 전도를 위한 중요한 성경적 개념 정리와 함께 실제 전도 과정에 사용할 수 있는 구체적인 질문들에 대한 답변을 제시하고 있다. 모쪼록 이 책을 읽고 준비하여 주님의 유언 같은 명령인 지상명령을 일상의 삶 속에서 행하는 그리스도인들이 되길 소망한다.

2020년 4월
워싱턴크리스천대학교 교무처장 및 역사신학교수 **황성철 박사**

존 웨슬리(John Wesley)는 "당신이 이 땅에서 해야 할 한 가지 일이 있다. 그것은 영혼을 건지는 일이다."라고 말했습니다. 사람들에게 구원의 복음을 전하려면 구원에 대한 바른 지식을 가져야 합니다. 스포츠, 예술, 사업 등 분야에서 기본기가 가장 중요합니다. J. D. 페인 선교학 교수가 쓴 「복음 전도」는 로베르토와 마크의 대화를 통해 구원과 전도에 대한 기본기, 33가지 주제를 명쾌하고 간결하게 정리해 주었습니다. 이 책은 전도에 대한 성경적, 교리적인 지식을 다 담았습니다. 이 책을 한국 교회에 번역 소개해 주신 침례신학대학교 허준 교수님께 감사드립니다. 한국 교회가 이 책을 통해 유능한 전도자로 다시 회복되기를 소망합니다.

대전 대흥침례교회 담임목사 **조경호**

2년 전에 J. D. 페인 박사께서 교회 개척 세미나를 인도하기 위해 서울에 오신 적이 있었다. 성경 말씀에 입각하면서도 오늘날 사역 현장의 상황을 반영하여 교회 개척의 원리와 실제를 명쾌하게 강의하던 그 모습이 아직도 내 기억에 신선하게 남아 있다.

그가 쓴 많은 저서 가운데, 이 「복음 전도」라는 책을 읽으면서 그동안 미루고 미뤘던 전도를 다시 하고 싶다는 마음이 솟구치는 것을 느끼게 되었다. 본서는 오늘날 그리스도인들이 부담스럽게 생각하고 있는 전도에 대해서 시대를 초월하는 성경적 관점 뿐 아니라, 오늘의 시대에 부합하는 이성의 논리로 깊이 있으면서도 이해하기 쉽게 설명해 주고 있다.

본서는 전도에 대해서 사람들이 궁금하게 여기는 주제들을 질문하는 형식으로 시작한다. 그 질문에 대해 성경적이고, 신학적이며, 실제적 관점으로 명확하게 답변하고 있다.

본서는 목회자 뿐 아니라, 신학교 학생들, 그리고 일반 그리스도인들이 알아야 할 전도에 대한 전반적인 내용을 제공해 주며, 실제로 삶의 현장에서 전도하고자 하는 열망을 불러 일으켜 주는 귀한 책이다. 목회자들과 신학교 학생들에게 전도를 가르치는 허준 교수께서 이 귀한 책을 한국에 소개시켜 준 것에 대해 진심으로 감사를 드린다.

2020년 4월

IMB 선교사 (South Korea Cluster) **설훈**

글을 시작하며

이 책에 관심을 가지고 읽어 주시는 분들께 진정으로 감사를 드린다. 이 책을 읽기에 앞서 나의 배경에 대해 당신과 나누고 싶다.

나는 다른 무엇보다도 예수님을 따르는 자로서 이 책을 저술하게 되었다. 예수님이 유일한 구원의 길이시며(요 14:6), 그분께 나오는 자는 자기 믿음을 그분의 인격과 사역에 두어야 한다는(행 4:12) 확신으로 이 책을 집필하였다. 또한 성경의 정확성과 무오성을 믿는 성경학자로서 이 책을 쓴다. 성경 자체를 숭배하는 것은 아니지만, 내가 섬기는 하나님은 세상 사람들이 하나님에 대해 알아야 할 것들을 성경 안에 말씀하시고 보존하셨다고 믿는다. 이러한 확신 아래, 이 책에 나오는 주제들을 다룰 때 성경의 어떤 구절들에 대한 당신의 관점이 나와 다르다 할지라도 신앙과 실천에 대한 성경의 진실성에 대해서는 나와 똑같이 확신하고 있다고 믿으며 이 책을 쓴다.

이 책을 읽는 독자들은 주로 예수님을 따르는 자들일 것이다. 당신이 예수님을 따르는 자가 아니라면 이 책을 택한 것에 대해 정말로 감사하고, 이 책을 읽으면서 염두에 둘 것이 있음을 기억해 주길 바란다. 예수님은 세상 사람들의 죄를 위해 십자가를 지셨고, 죽으셨으며, 죽음에서 부활하신 분이시다. 예수님은 죄를 용서해 주셨을 뿐 아니라 이 세상과 다음 세상의 소망이 되시는 분이다. 이 글을 읽는 지금이라도 당신이 하나님을 떠난 죄의 길에서 돌이켜 하나님께서 죽은 자 가운데서 살리신 예수님을 마음으로 믿고, 그분을 당신의 주님으로 고백하기를 바란다(롬 10:9). 이 책은 예수님에 대한 이야기를 전하고 있지만, 사실 예수님을 알 수 있는 가장 좋은 길은 신약 성경을 읽는 것이다(마가복음부터 읽기를 권한다). 당신이 예수님을 따르기로 결단하거나 예수님을 따르는 삶에 대해 질문이 있다면 나에게 연락하기를 바란다. 당신과 대화하고 싶다.

이 책은 일대일로 만나 복음을 전하는 전도 방법을 다루지는 않는다. 전도 방법에 대한 좋은 책들은 이미 많이 저술되어 있으니 참조하기 바란다. 이 책은 실제적인 전도 상황과 연관된 질문에 대답하는 형식으로 믿음을 전하는, 신뢰할 수 있는 전도 방법의 기준을 제시한다.

이 책 안에는 변증적인 요인들이 있으나 기독교 변증서는 아니다. 당신이 변증학에 관심이 있다면 좋은 책자들을 쉽게 찾을 수 있을 것이다.

이 책은 웨슬리안/아르미니안 혹은 개혁주의/칼빈주의 신학 등을 옹호하기 위해 쓰인 것이 아니다. 이런 신학 전통을 연구하고 싶다면 책 후면에 있는 참고 문헌을 활용하면 된다. 필자는 5대 교리

칼빈주의자는 아니지만, '하나님의 주권, 인간의 타락, 선택, 은혜, 영광의 날까지 성도의 견인'과 관련한 신학에 있어서는 칼빈주의자에 속한다고 생각한다. 그러므로 웨슬리안/아르미니안 진영보다는 개혁주의/칼빈주의의 진영에 서서 성경적 관점으로 이 책에 나오는 질문들에 답하고자 했다. 간혹 편향적인 견해가 나올 수도 있지만, 각각의 질문들에 대해 성경에서 답을 찾고자 했다. 두 가지 다른 신학적 관점을 비교하는 것도 유익하다고 생각될 때에는 이 두 관점들을 가능한 공정하고 정확하게 다루고자 했다. 성경이 특별히 강조하는 부분에 대해서는 강하게 표현했고, 성경이 유연하게 표현하거나 혹은 언급하지 않은 부분에 대해서는 나도 같은 태도를 취했다. 그런 문제들로 방해를 받아서는 안 된다고 생각한다. 우리의 제한된 지성으로 무한한 하나님을 완전히 이해한다는 것은 불가능하다. 우리의 지성으로 그분을 완전히 이해할 수 있다면 믿음은 없어도 될 것이다(히 11:6).

나는 세상의 모든 사람들에게 복음이 증거되기를 원하는 선교학자이자 침례교 사역자의 입장에서 이 책을 썼다. 우리의 성경적, 신학적 기초는 일상생활에 영향을 미친다. 올바른 신앙은 올바른 실천을 낳는다. 그렇지 않다면 우리의 신학에 문제가 있다는 것이다.

이 책의 표지에 나의 이름이 적혀 있다는 것은 이 책의 모든 내용에 대해 내가 책임을 진다는 말이기도 하지만, 모든 출판 과정에 많은 사람들의 수고가 담겨 있다는 말이기도 하다. 나의 비서인 르네

에머슨에게 감사한다. 나를 도와 색인 목록과 수많은 행정 절차를 담당해 주었다. 연구원인 매트 피어스에게도 감사의 말을 전한다. 친구이자 동료인 팀 부거도 나에게 많은 지혜로 도움을 주었다.

이 책은 성경과 관련한 나의 세 번째 저서이다. 나의 동료 형제, 자매들과 함께 일하는 것은 나에게 늘 기쁨이 된다. 그 외에도 출판 일을 해 주었던 보니 제임스, 위원회 위원들, 이 책에 대한 믿음을 보이며 이 책을 쓸 수 있도록 필자를 지지해 준 사람들에게 감사를 전한다. 편집자인 존 던햄과 모든 노력을 아끼지 않았던 그의 팀에게도 감사를 전한다. 교정을 맡고 편집까지 해 준 베티 스미스에게 감사의 말을 전한다(필자의 문장을 문법적으로 적절하게 교정해 주었던 노고에 감사한다). 이 책이 잘 보급될 수 있도록 영업을 해 준 마이크 드보락에게도 감사를 드린다.

나의 아내이자 내 아이들의 어머니인 사라에게 특별히 감사한다. 또한 사랑하는 소중한 자녀 한나, 레이첼, 조엘에게도 감사한다.

페인 가족의 헌신이 없었으면 이 책이 쓰일 수 없었다고 고백한다. 참으로 감사할 뿐이다.

주님께서 나를 축복하셔서 이 일을 맡겨 주셨다. 주님이 아니시면 어떤 것도 이룰 수 없었다. 주님께서 나를 구원하지 않으셨다면 이 책이 나오지 못했을 것이다. 마지막으로 이 모든 감사를 주님께 드리고자 한다.

서론

이 책의 모든 대화는 로베르토와 마크라는 두 가상 인물에 의해 이루어진다. 그들의 대화는 성경적 관점에서 심도 있게 논의해야 할 질문들로 가득하다. 이 책의 모든 내용은 예수님의 복음을 다른 사람들에게 더 잘 전하려는 목적으로 쓰였다.

우리는 질문을 통해 배운다. 어린 시절 나는 목사님들, 선생님들, 멘토들에게 성경에 대해 많이 질문했다. 당신이 읽고 있는 이 책에는 전도와 관련한 많은 질문에 대한 답변들이 실려 있다. 어떤 질문들은 교회 역사상 수세기 동안 계속된 것들이며, 어떤 질문들은 최근 제기된 것들이다.

이 책에서 당신은 가상의 두 인물을 만날 것이다. 서른일곱 살 보험회사 직원인 로베르토와 스물두 살 인류학을 전공하는 대학 졸업반 학생인 마크이다. 로베르토는 예수님을 믿은 지 이십 년 되었고, 마크는 일 년 전에 예수님을 믿게 되었다. 로베르토는 마크가 침례(세례)를 받은 후 그를 이끌어 주기 시작했다. 매주 목요일 저녁에 커피숍에서 만나 그리스도인의 삶과 연관된 주제들을 서로 토의한다. 이 책에 나오는 내용은 지난 몇 달 동안 있었던 그들의 대화를 정리한 것이다. 로베르토는 이 대화가 마크에게 성경의 진리를 가르치는 가장 좋은 방식이라고 생각했다. 궁금한 질문을 던지고 성경에서 그에 대한 해답을 찾을 때 가장 잘 배울 수 있기 때문이다.

각 장은 로베르토와 마크의 대화로 시작한다. 그들의 대화를 통해 그 장의 주제를 소개하고 성경적 관점으로 그 주제를 설명한다. 이 책의 목적과 각 장의 핵심은 전도에 대한 여러 가지 문제에 대해 성경이 무엇이라 말하는지 이해하게 하는 것이다.

어떤 사람들은 교리가 차갑고, 진부하고, 메마르고, 지루한 것이며, 현실 생활에 아무런 영향을 주지 못하기에 먼지 쌓인 상아탑과 신학적 학계 안에 머물고 있다고 비난하고 있다는 것을 안다. 교리를 예수님과 교회에 대한 사람들의 전통으로, 일시적이고 추측에 불과한 것으로 생각한다면 그럴 수 있다. 그러나 교리는 성경에서 나오는 것으로써 예수님을 따르는 자에게 좋은 교훈이 되어 양육에 도움을 주는 놀라운 것이다(딤전 4:6). 사도 바울은 디도에게 바른 교훈을 합당하게 말하고(딛 2:1) 선한 행실로 믿는 자의 본이 되라고 기록했다.

교리가 없다면 모든 것이 제멋대로 갈 수밖에 없다. 교리는 좋은 것이며 하나님 나라 시민으로서 올바른 삶을 살아가는 데 필수적인 것이다. 성경적 교리의 기초가 없다면 인간의 이성은 출렁이는 파도와 바람으로 밀려 이리저리 요동치게 되며(엡 4:14), "성도에게 단번에 주신 믿음의 도"에 굳게 서지 못하게 된다(유 1:3). 이런 의미에서 로베르토와 마크의 대화는 결코 지루하지 않은 교리적 문제들로 가득하다.

어떤 독자에게 전도라는 말은 두려움, 죄책감, 혹은 편협한 사고를 떠올릴 수 있다는 것도 안다. 다원주의와 세속화된 우리 문화, 주님의 대위임령에 대한 잘못된 적용 등으로 전도에 대한 부정적인 인식이 생겼다. 전도에 대한 부정적인 인식에도 불구하고 교회는 선교적 본질(의식적으로 모든 사역이 전도를 지향함)을 추구하는, 천국 시민으로 구성되는 선교적 공동체이다. 우리는 예수님의 증인이고(행 1:8), 모든 민족을 제자 삼아야 하며(마 28:19), 아무리 부정적인 시각을 갖는다 해도 세상 혹은 교회는 복음 전도와 연결되어 있다. 예수님의 복음은 자유, 치유, 구원, 풍성한 삶, 회복, 그리고 평화를 나누는 것이다. 세상은 그것들을 싫어하지만 성경은 그것들이 유익한 것이라고 말한다.

나는 십 년 이상 신학교와 성경 대학에서 전도와 선교 과목을 가르쳐 왔다. 이 주제에 관한 많은 논문을 발표하고, 책을 저술하고, 강연도 했다. 지난 십삼 년 동안 교회에서 목회를 했고, 켄터키와 인디아나에서 교회 개척 사역을 했다. 특히 나는 미국적 상황에서 전도에 관한 질문들에 어떻게 대처해야 할지 경험을 통해서 잘 알고 있다. 당신은 로베르토와 마크의 대화를 통해 이 질문들을 이해하고 성경의 답변을 찾을 수 있을 것이다.

각 장은 특별한 질문으로 시작하는데, 이 책을 처음부터 끝까지 잘 읽어서 그 질문들과 답변을 잘 활용한다면 전도에 유용한 참고 자료가 될 것이다. 목차를 읽어 보라. 각 장의 질문이 당신이 직면하고 있는 상황과 일치한다면 그것부터 읽어도 된다. 이 책은 건너뛰어가며 읽어도 이해할 수 있게 되어 있다. 각 장 마지막 부분에는 내용을 다시 한 번 생각할 수 있게 해 주는 질문들이 있다. 소그룹이나 학급 혹은 로베르토와 마크 같은 멘토링의 관계에서도 토론할 수 있는 질문들이다.

로베르토와 마크가 살고, 일하고, 어울리고, 전도에 대한 성경의 진리를 토의하기 위해 매주 만나는 그 도시로 가 보자.

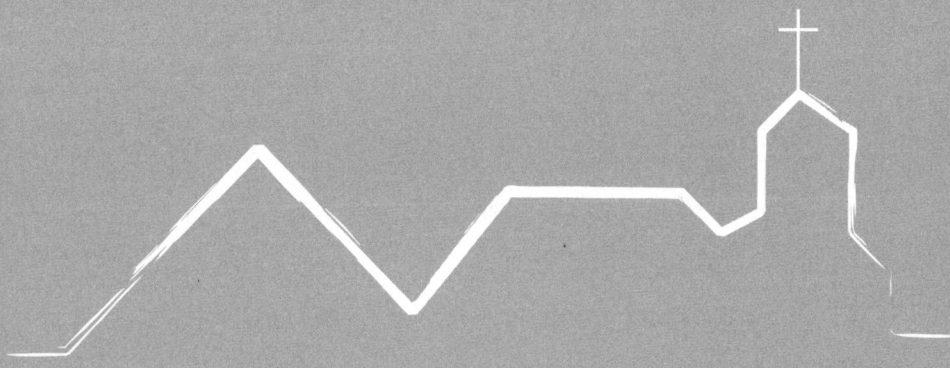

Evangelism
A Biblical Response to Today's Questions

제1장
그렇다면, 전도란 무엇인가?

마크는 코너를 돌아 빈스 카페 앞 창문에 환하게 걸려 있는 네온사인을 보았다. 가을이라서 해가 일찍 져서인지 더욱 밝게 빛나고 있었다. 초여름 이래 마크와 로베르토는 매주 목요일 저녁 일곱 시에 이곳에서 만났다.

인류학을 전공하는 대학 4학년생인 마크는 예수님을 믿은 지 일 년이 되었다. 믿자마자 침례(세례)를 받았고, 브릿지커뮤니티교회에 등록했다. 개척한지 얼마 안 되는 그 교회 목사님은 새신자들을 위한 멘토링 프로그램을 만들었는데, 로베르토가 마크를 담당하는 멘토가 되었다. 제자 훈련을 위한 그런 모임이 마크에게는 큰 유익이 되었다. 그는 불가지론적 배경을 가진 가정에서 자랐고, 크리스마스 때만 할머니와 교회에 갔다. 교양 과목으로 신약 성경과 종교 사회학을 수강했지만 성경에 대해서는 아는 것이 없었다.

마크는 즐거웠다. 매일 성경을 읽고 있고, 로베르토와 정기적으로 만나고 있으며, 새 생명에 대해서 모든 것들을 마치 스펀지처럼 빨아들이고 있다.

로베르토와도 금방 친해지게 되었다. 로베르토는 서른일곱 살의 보험회사 직원이고, 결혼한 지 십이 년 된 두 아이의 아빠였다. 네 살 때 부모님을 따라 미국으로 이민 온 로베르토는 경건하고 복음적인 가정에서 자랐으며 어릴 적부터 하나님을 경외하고 사랑하며 섬기는 법을 배웠다. 그는 열한 살 때 침례(세례)를 받았지만, 그보다 더 어렸을 때 예수님을 따르는 자가 되었다고 생각한다.

마크는 음악회 광고 포스터가 어지럽게 붙어 있는 유리문을 열고 안으로 들어가자마자 스피커에서 흘러나오는 마일스 데이비스의 곡을 들을 수 있었다. 그건 데이브 재즈맨 존스가 일하는 날이라는 뜻이다. 이번 주에만 세 번째다. 장사가 잘 되나 보다.

마크는 손님으로 가득 찬 그 방 맞은편 탁자에 앉아 있는 로베르토를 발견했다. 몇 사람들은 책에 열중하고 있었고, 어떤 사람들은 인터넷을 하기도 하고, 이메일을 확인하는 사람도 있었다.

"Hola … Kemo Sabe!"(안녕, 친구!) 이런 인사는 마크가 라틴계인 로베르토에게 농담을 건네는 방식이었다. 로베르토는 이를 알았고, 그도 마찬가지로 마크에게 그 사람과 문화를 연구하는 "잘난" 인류학 학위로 대학가 피자집에서 일하며 여생을 보내라고 응수한다.

종업원이 마크가 늘 먹는 치즈 케이크와 커피를 가지고 왔다. "오늘 만나니 너무 좋습니다." 마크가 로베르토에게 말을 걸었다. "그동안 어땠어요, 가족들은요?"

몇 분 동안 마크와 로베르토는 서로 안부를 물었다. 그리고 마크가 말을 이었다. "아시다시피 지난 몇 달 동안 저는 주님의 증인으로 살려고 노력하였고 몇 사람에게 복음을 전했어요. 오늘 밤 제 질문은 '전도란 무엇인가'라는 거예요. 알고 있다고 생각했었는데 지금은 혼란스러워요. 목사님께서 주일 설교 때 전도의 필요성과 빌리 그레이엄 목사님의 전도에 대해서 간략히 설명해 주셨어요. 학교에서 사람들에게 예수님에 대해 이야기하며 전도한다고 생각했어요. 근데 저는 빌리 그레이엄 목사님 같지는 못해요."

로베르토는 커피를 마시면서 말했다. "전도는 예수님의 기쁜 소식을 나누는 거예요. 그리고 전도 방법에는 여러 가지가 있어요. 빌리 그레이엄 목사님은 운동장에 모인 많은 사람들에게 전도했죠. 어떤 사람들은 복음을 전하는 성경 공부를 인도하기도 해요."

"기숙사 친구 테드처럼 말이죠." 테드는 마크를 예수님께로 인도한 친구였다.

"그래요. 화요일 저녁에 만나는 줄리와 찰스처럼 집집마다 다니면서 전혀 모르는 사람들에게 전도하는 사람들도 있고, 봉사 활동을 통해서 지역 사회에 있는 사람들을 만나서 전도하는 사람들도 있어요. 예수님의 복음을 전하는 방법은 아주 다양하답니다."

마크의 질문은 우리가 전도에 대해서 이 책을 시작하며 다루어야 할 좋은 주제가 된다. 이 질문을 시작으로 우리가 다루어야 할 문제들을 설명할 수 있다.

우선 "전도는 예수님의 복음을 전하는 것"이라는 로베르토의 답변을 세분하여 생각해 보자. 고대 그리스어로 기록된 신약 성경에 나타난 몇 단어들을 살펴보면 전도라는 용어의 의미를 더 잘 이해할 수 있을 것이다. "유앙겔리조"(euangelizo)는 신약 성경에서 여러 번 사용된 단어로써 "내가 좋은 소식을 전한다" 혹은 "내가 설교한다"라는 뜻이다. 이 단어의 명사형은 "유앙겔리온"(euangelion)인데, "복음" 혹은 "좋은 소식"이라고 번역할 수 있다. 그러므로 전도(evangelism)는 예수님에 대한 좋은 소식을 다른 사람에게 설교하는 것 혹은 전달하는 것이다. 이런 의사소통은 강단이나 운동장에만 국한되는 것이 아니고 어느 곳이나, 언제나, 누구하고나 할 수 있는 것이다.

> **KEY POINT**
> 전도는 예수님의 복음을 전하는 것

예수님은 하나님 나라의 좋은 소식을 전하셨고(마 4:17, 눅 4:18), 예수님을 따르는 자들도 그렇게 하도록 가르치셨다(마 10:7). 예수님은 베드로에게 "백성에게 전도"하라고 명령하셨다(행 10:42). 사도 바울은 "복음을 전하게 하려"(고전 1:17) 보냄을 받았다고 고백했으며 "십자가에 못 박힌 그리스도를"(고전 1:23) 전했고, "예수 그리스도의 주 되신 것"(고후 4:5)을 선포했다. 바울은 자신이 복음을 전하지 않는 것은 상상할 수도 없는 일이라고 하였다(고전 9:16). 바울은 디모데에게 인류를 향한 하나님의 뜻을 나타내는 그 "말씀을 전파하라"고 권면했다(딤후 4:2). 성경은 성도들에게 제자를 삼으라고 말하는데(마 28:19), 이 일은 복음 전도를 통해서 이루어질 수 있을 것이다(행 14:21).

이와 같이 전도는 예수님의 복음을 전하는 것이다. 다른 사람들이 예수님을 따르고 지역 교회 안에서 신실한 제자로서 예수님을 섬기게 하는 것이다. 이것이 성경적인 전도 방법이다. 이러한 전도 방식은 그리스도인의 건강한 생활양식을 모범으로 보여주고 처음 예수님을 믿게 된 이들이 교회에 동화하도록 하는 일들도 포함하지만, 궁극적으로는 다른 사람들이 이해할 수 있도록 하나님의 메시지를 전하게 하고 그들이 죄에서 돌이켜 그들의 믿음을 예수님께 두게 하는 것을 의미한다.

그러한 예는 우리에게 아주 중요한 문제를 상기시켜 주는데, 즉 전도란 '복음을 나누는 것'이라는 점이다. 그렇다면 이 좋은 소식을 나눈다는 것이 무엇인지를 물어야 한다.

이제 빈스 카페로 다시 돌아가 다음의 질문들을 시작해 보자.

🧠 고려해야 할 질문들

- 다른 사람들에게 복음을 전할 때마다 당신이 복음을 전한다는 사실에 대해 어떻게 느끼는가?
- 전도는 예수님을 따르는 삶을 살게 할 목적으로 사람들에게 단순히 예수님에 대한 복음을 전하는 것이라는 사실에 동의하는가? 왜 그렇다고 생각하는가, 아니면 왜 그렇지 않다고 생각하는가?
- 왜 성경은 예수님을 믿는 자들은 지역 교회에 속해야 한다고 가르치나?

제2장
복음이란 무엇인가?

"전도가 좋은 소식을 나누는 것이라면, 그것은 우리가 그 좋은 소식을 이미 가지고 있다는 것을 전제로 하는 거죠." 마크는 웃으면서 이렇게 말했다.

"단지 좋은 소식이 아니고 특정한 좋은 소식입니다. 당신이 묻고 싶은 것이 바로 이 질문이라고 생각하는데요. '복음이란 무엇인가?' 복음은 '좋은 소식'이라는 뜻인데, 진짜 좋은 소식이에요."

"맞아요!" 마크는 치즈 케이크를 한 입 먹었다.

"다 먹을 거예요?" 로베르토가 물었다.

"먹을 때마다 마지막이라고 하는데…. 모든 사람은 적어도 매일 2-3인분의 유제품을 먹어야 한대요. 기억하세요? 여기서 치즈를 섭취하고 위에 얹어 놓은 휘핑크림 덩어리를 고려해 보면, 2인분은 될 것 같네요."

"그런가요?" 로베르토가 웃으며 말했다. "어디까지 말했죠?"

"좋은 소식. 좋은 소식이 무엇인가, 우리가 전하는 복음이란 무엇인가?"

「넬슨 새 그림 성경 사전」(Nelson's New Illustrated Bible Dictionary)은 복음을 "예수 그리스도 안에 있는 구원의 즐겁고 좋은 소식"이라고 정의한다.[1] 제1장에서, "유앙겔리온"(euangelion)이라는 그리스어 단어를 "복음" 그리고 "좋은 소식"이라 번역했다. 마가복음의 첫 문장은 이렇게 시작한다. "하나님의 아들 예수 그리스도의 복음의 시작," 여기서 "복음"은 예수님에 대한 이야기로 표현된다.

예수님은 하나님 나라의 복음을 선포하셨다(마 4:23, 9:35). 그리고 제자들에게 복음이 온 민족에게 전파되어야 한다고 말씀하셨다(마 24:14). 바울은 "복음 전하기를 원하노라"라고 기록했고(롬 1:15), 바울과 바나바는 교회 개척을 위한 선교 여행에서 복음을 전했다(행 14:15). 히브리서의 저자는 "우리도 복음 전함을 받은 자"라고 기록하고 있다(히 4:2).

이러한 "복음" 혹은 "좋은 소식"은 다른 사람과 나누어야 하는 것이다. 그것은 하나님의 원수들이 어떻게 하나님의 친구가 될 수 있는지(화목), 죄로 묶인 죄인이 어떻게 해방되는지(구속), 영적으로 죽은 자가 어떻게 살아나는지(중생), 하나님의 진노 아래 있는 자들이 어떻게 하나님의 자비를 얻게 되는지(속죄), 흑암의 왕국에 있는 자들이 어떻게 광명의 왕국으로 옮겨지는지(성화), 죄인이 어떻게 무죄가 되는지(칭의), 악한 자의 가족이 어떻게 하나님의 가족이 되는지

(양자) 알려주는 메시지이다.[2] 이것은 창조주께서 타락한 피조물들을 새롭게 하고 계시며, 새롭게 하실 것이라는 메시지이다. 이것은 죽음 후의 삶과 지금 여기서 사는 삶에 대한 메시지이다(요 10:10).

사도행전에서 나타나는 예수님의 삶과 사역은 구약 성경에 선포된 하나님의 약속이 성취되었음을 보여준다(행 3:18, 10:43, 26:22, 28:23). 첫 번째 약속은 에덴동산에서 시작되었다. 하나님은 여자의 후손을 통해 뱀의 머리를 상하게 할 것이라고 말씀하셨다(창 3:15). 이 약속은 구약 성경을 통해 반복적으로 언급되며 **"때가 차매"** 하나님께서 아브라함의 후손을 통하여 구세주를 세상에 보내시고(갈 4:4) 구세주를 통하여 사람들이 죄 사함을 받게 되며 창조 질서가 회복되어, 새 하늘과 새 땅이 시작된다는 것이다(계 21:1).

이것이 좋은 소식이다. 하나님께서 죄인을 사랑하셔서 예수님을 보내시고 사람들의 죄를 위해 십자가 위에서 희생 제물이 되어 죽임을 당하셨다(요 3:16). 예수님의 죽음과 장사, 그리고 부활은 예수님이 창조주와 피조물 간의 깨어진 관계를 극복하는 능력을 가지신 분임을 입증한다. 고린도전서에서 바울은 이 메시지를 다음과 같이 요약하였다:

> **KEY POINT**
> 복음은 "예수 그리스도 안에 있는 구원의 즐겁고 좋은 소식"이다.

"형제들아 내가 너희에게 전한 복음을 너희에게 알게 하노니 이는 너희가 받은 것이요 또 그 가운데 선 것이라 너희가 만일 내가 전한 그 말을 굳게 지키고 헛되이 믿지 아니하였으면 그로 말미암아 구원을 받으리라 내가 받은 것을 먼저 너희에게 전하였노니 이는 성경대로 그리스도께서 우리 죄를 위하여 죽으시고 장사 지낸 바 되셨다가 성경대로 사흘 만에 다시 살아나사 게바에게 보이시고 후에 열두 제자에게와 그 후에 오백여 형제에게 일시에 보이셨나니 그 중에 지금까지 대다수는 살아 있고 어떤 사람은 잠들었으며 그 후에 야고보에게 보이셨으며 그 후에 모든 사도에게와 맨 나중에 만삭되지 못하여 난 자 같은 내게도 보이셨느니라" (고전 15:1-8)

복음은 타락한 인류에게 구원을 가져오는 하나님의 역사에 관한 이야기이다. 바울은 복음을 "모든 믿는 자에게 구원을 주시는 하나님의 능력"이라고 말했고(롬1:16), 예수님은 우리를 위해 죄를 담당하셨기에 우리는 "하나님의 의"가 되었다(고후 5:21).
죄가 없으신 예수님이 우리를 대신하여 자신이 희생 제물이 되어 우리 죄를 짊어지셨다. 예수님은 우리 죄를 담당하셨고 우리에게 그분 자신의 거룩함을 주셨다. 이것이 좋은 소식이다. 이 메시지가 어떤 사람들에게는 미련하게 보일지라도, 이 "하나님의 어리석음"이 믿는 자들을 구원하는 능력이 되었다(고전 1:21-25).

복음은 죄 용서라는 좋은 소식 이외에 풍성한 삶이라는 메시지도 포함한다. 예수님은 "내가 온 것은 양으로 생명을 얻게 하고 더 풍성히 얻게 하려는 것이라"라고 선포하셨다(요 10:10). 우리가 다른 사람들과 공유하는 이 좋은 소식은 하늘에서의 삶에 관한 것만이 아니라 우리가 하나님과 개인적인 관계를 맺을 수 있다는 사실을 포함한다. 이것은 우리가 원하는 모든 것을 소유하고 편안한 삶을 영위하게 된다는 뜻은 아니다. 오히려 주님과 함께 하는 삶 속에서 주님의 축복과 기쁨을 누리며 영원히 그리스도의 신부가 된다는 것을 의미한다(계 21:9).

🍂 고려해야 할 질문들

- 복음의 요점은 무엇인가?
- 예수님은 우리 죄를 담당하시고 우리에게 자신의 거룩함을 주셨다. 그리하여 우리는 거룩한 하나님의 임재 안에 들어올 수 있게 되었다(고후 5:21). 이 사실에 대해 당신은 어떻게 생각하는가? 이 사실은 당신이 복음을 전하는 방식에 어떤 영향을 주는가?

제3장
회개란 무엇인가?

"우리의 믿음을 나누는 것과 직접적으로 관련한 성경의 가르침을 살펴볼까요?" 로베르토가 말을 꺼냈다.

"좋아요. 어떤 거요?" 마크가 질문했다.

"글쎄요, 예를 들면 회개, 믿음, 회심 등과 같은 내용이겠죠."

"좀 복잡하고 심오한 것 같은데요." 마크는 수심에 찬 표정이었다. "그런 주제들이 낯설지 않지만 저에게는 분명하지 않아요. 믿음에 대해 나눌 때 그것들이 많이 중요한가요?"

"아주 중요해요. 그것들은 복음 즉, 좋은 소식을 전달하는 데 있어 본질적인 부분이니까요."

"믿음을 나누려면 제가 신학자가 돼야 한다는 말씀인가요?"

로베르토는 마크가 걱정하고 있다는 것을 알았다. "물론입니다." 하고 그는 대답했다. "그러나 당신이 생각하는 그런 신학자는 아닙니다. 고풍스런 가운과 작은 모자를 쓴다거나, 라틴어와 같은 학문을 공부할 필요는 없어요. 그저 하나님의 말씀을 배우면 됩니다. 당신이 성경의 인도를 받아 올바르게 생각하고 행동하는 사람이 되길 바래요. 오늘날 세상에는 하나님과 그분의 말씀에 대한 많은 주장들이 있어요. 어떤 주장은 옳고 좋지만, 어떤 주장은 잘못되고 악한 것들이죠."

"그러면 제가 어떻게 구별할 수 있나요?"

"좋아요. 좋은 질문이에요! 대학에서 공부할 때 교수님 중 한 분이 재미있는 이야기를 해 주셨어요. 하이테크 시대 이전에도 위조지폐의 유입을 막기 위해서 은행에서 고의로 위조지폐를 만들어 은행 직원들에게 위조지폐와 진짜 지폐를 구별하는 법을 훈련했다는 거죠."

"어떻게 훈련했는데요?" 마크가 물었다.

"직원들에게 진짜 지폐를 수도 없이 만져보게 하고, 구석구석 연구하도록 한대요. 이러한 방법으로 직원들이 현금 지폐에 익숙해지면, 위조지폐를 만지는 순간 쉽게 구별할 수 있게 된다는 거죠."

"그렇군요." 마크가 대답했다. "그런데 정확히 하시고 싶은 말씀이 뭐죠?"

"말씀 안에 거해야 한다는 겁니다. 현장에서 전문가가 되어야 하죠. 하나님의 말씀을 마음에 두어야 해요.[3] 베뢰아 사람들처럼 말이죠. 베뢰아 사람들이 어떤 사람들이었는지 기억하죠? 그들은 바울의 가르침을 들었을 때, 성경과 맞는 것인지 확인할 때까지 그것을 진리로 받아들이지 않았어요.[4] 지금도 마찬가지예요. 제 말씀을 받아들이기 전에 그것이 옳은지 그른지 성경을 통해 확인해야 해요."

"당신이 성경에서 벗어났다면, 제가 당신을 이단이라고 부르고 화형시켜야 한다는 말인가요?" 마크가 농담으로 말했다. "그럼 회개에 대해서 이야기해 볼까요? 회개란 무엇인가요? 죄에서 돌아서는 것이라고 배웠어요. 유튜브에 나오는 방송 설교자의 황당한 설교를 들은 적이 있었는데, 힙합 음악에 맞춰서 계속해서 '회개하라'고 외치는 거예요."

"유튜브에서 성경을 배워요?" 로베르토가 놀란 표정으로 물었다.

마크는 웃으면서 말했다. "아니요. 재미로 본 것 뿐이에요."

회개라는 단어는 그리스어 **"메타노이아"**(metanoia)에서 왔는데, **"마음의 변화"**라는 뜻이다. 회개는 방향의 전환을 의미한다. 한 방향으로 가고 있는데 180도 변화를 준다고 생각해 보자. 이것이 바로 회개가 의미하는 것이다. 회개는 행위, 생각, 태도, 감정과 의지의 변화를 뜻한다. 지은 죄에 대한 죄책감이 아니라 용서를 받는다는 뜻이다.

회개에 대해 뒷받침하는 증거들이 성경에 많이 있다. 하나님은 이스라엘에게 회개하라고 말씀하셨다. 즉 우상을 버리고 하나님께로 돌아가라고 하셨다. 그들이 회개할 때 하나님은 그들의 복과 하나님께 대한 섬김, 하

💡 KEY POINT

회개란, 죄에 대해 마음으로 애통해 하는 것뿐만 아니라 죄를 단념하는 것이다. 죄를 버리고자 하는 진지한 결단이며, 그리스도께 순종하며 살아가는 것이다.

나님과의 교제를 회복하신다고 약속하셨다. 침례(세례) 요한, 예수님, 사도들도 사람들에게 회개해야 한다고 말했다. 예수님은 한 사람이 회개하면 하늘에서 더할 수 없는 기쁨이 있다고 말씀하셨다(눅 15:7). 회개를 말하는 것은 교회의 대위임령에 속한다(눅 24:47). 주님은 아무도 멸망하지 아니하고 다 회개하기에 이르기를 원하시기 때문이다(벧후 3:9).[5]

우리가 회개하여 하나님께 돌아온다는 것은 무엇에서 돌아선다는 것일까? 그리스도를 믿는 사람들은 죄의 본성에서 돌아서는 결단을 한다(아래 그림 참조). 에덴 동산에서 아담이 범한 불순종으로 인해(창 3:6) 모든 인류가 죄의 영향을 받게 되었다(롬 5:12). 우리는 하나님께 반역하는 본성을 가지고 태어났으며 이런 죄의 본성으로 인해 구체적인 죄의 행위, 즉 미움, 욕망, 탐욕 등의 죄를 저지르게 된다. 우리는 모두 죄인이고 하나님의 완전함에 이르지 못한다(롬 3:23). 어느 누구도 자신의 죄의 목록을 다 기록할 수 없으며, 다 회개할 수도 없다. 회개란 자신의 죄의 본성을 인정하고 그로부터 돌이키는 것이며, 타락한 피조물의 본질에서 돌아서는 것이다.

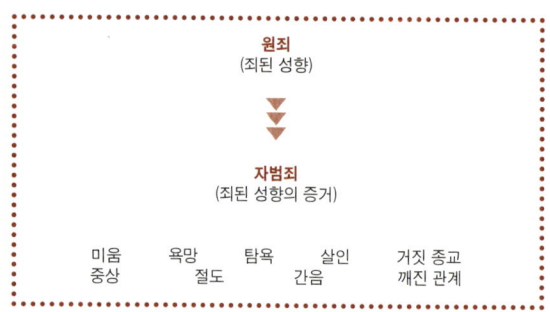

우리는 우리의 행위(살인, 절도 등)와 태도(욕망, 미움, 질투 등)로 죄를 짓는다. 해야 할 것을 하지 않고, 하지 말아야 할 것을 함으로 죄를 짓는다. 회개는 하나님 앞에서 하는 단순한 지적 동의가 아니라 총체적인 변화이다. 웨인 그루뎀(Wayne Grudem)은 "회개란, 죄에 대해 마음으로 애통해 하는 것뿐만 아니라 죄를 단념하는 것이다. 죄를 버리고자 하는 진지한 결단이며, 그리스도께 순종하며 살아가는 것이다."라고 말했다.[6]

토마스 왓슨(Thomas Watson)은 회개란 "죄인의 내면이 겸손해지며 외형적 변화가 나타나는 영적 은혜"이며, 여섯 가지 특별한 성분이 들어 있는 "영적인 약"이라고 표현했다: 첫째, 회개하는 동안 사람들은 자신의 죄를 인식한다. 죄에서 돌이키기 전에 죄가 무엇인지 알아야 한다. 두 번째, 죄에 대한 애통함이 있다. 하나님께서 노하셨다는 것을 안다면 자기가 저지른 죄의 행동에 대해 애통함을 갖게 된다. 회개할 때 나타나는 감정은 사람에 따라 다르지만, 애통함이 반드시 나타난다. 세 번째, 죄에 대한 고백이 있다. 죄는 악한 것이어서 하나님 앞에서 이 죄를 제거해야 한다. 네 번째, 회개하는 동안 죄에 대한 수치심이 나타난다. 다섯 번째, 죄에 대한 증오심이 느껴진다. 마지막으로, 죄에서 돌아서는 경험이 나타난다.[7]

내가 어떤 이에게 복음을 전했을 때 "결혼하지 않았는데 성적 관계를 가지면 안 되나요?"라는 질문을 받은 적이 있었다. 이 질문을 면밀히 살펴보면 그는 진정 회개하는 마음으로 질문을 했다기보다 마치 하나님과 거래하는 태도를 보이며, 예수님을 따르기를 원하면서도 여전히 죄를 버리지 못하는 모습을 나타낸다. 다른 말로 하면, 자신의 모든 삶을 하나님께 드리고자 하면서도 버리지 못하는 부분이 있다는 것이다. 이러한 태도는 그가 죄의 악함을 완전히 파악하지 못했다는 것을 의미한다. 여전히 성적인 죄의 유혹을 뿌리치지 못하는 상태인데, 성령의 이끄심에 순종하고자 하는 마음과 불순종하려는 마음 사이에서 갈등하고 있는 것이다. 이 사람은 예수님께 찾아와 구원을 갈망하는 부자 청년을 연상시킨다. 예수님께서 그에게 자신의 재물을 팔고 예수님을 따르라고 했을 때, 그는 예수님 앞에서 멈춰 서서 예수님에게서 등을 돌리고 하나님 나라의 보화를 포기했다(막 10:21). 진정으로 회개하는 마음은 앞으로 짓게 될 죄 뿐 아니라, 과거, 현재, 미래를 모두 예수님께 내려놓는 것이다.

🍂 고려해야 할 질문들

- 당신은 복음을 전할 때 듣는 사람에게 회개해야 한다는 사실을 말해 주는가?
- 회개를 "**영적인 약**"이라고 하는 것이 회개에 대한 당신의 생각에 어떤 영향을 미치는가?
- 당신이 전하는 복음을 듣는 사람이 예수님을 따르고자 하지만 특정한 죄에서 돌아서지 않으려고 한다면, 당신은 그 사람에게 뭐라고 말하겠

는가?

- 누군가 당신에게 자신이 과거에 지은 모든 죄들을 적고 각각의 죄를 모두 회개해야 하느냐고 묻는다면, 당신은 뭐라고 답변하겠는가?

제4장
구원받는 믿음이란 무엇인가?

"회개가 우리의 생각, 느낌, 행위를 포함한 죄의 본성에서 돌아서는 것이라면, 믿음은 어디에서 오는 것인가요?" 마크가 물었다.

"믿음과 회개의 관계는 동전의 양면과도 같아요," 로베르토가 말했다. "다른 말로 하면, 회개는 어떤 것에서(from) 돌이키는 것이고, 믿음은 어떤 것을 향해(toward) 돌아서는 것입니다. 이 둘은 동시에 발생하는 것이죠. 한 면이 없이는 다른 면도 존재할 수 없습니다."

"우리가 죄에서 회개한다는 것은, 동시에 우리의 믿음을 예수님 안에 둔다는 말인가요?" 마크가 다시 물었다.

"맞아요. 죄로부터의 진정한 회개는 예수님에 대한 진정한 믿음을 포함하는 거예요. 이 믿음이란 예수님 안에 믿음을 둔다는 것을 의미해요. 오늘 회개하고, 내일 예수님을 믿어도 되는 것이 아니에요."

"회개와 믿음은 밀접하게 연관되어 있나요?" 마크는 좀 더 상세한 설명을 요구했다.

"그래요, 맞아요," 로베르토가 대답했다. "요약하자면, 다시 말씀드리지만 동전의 양면을 생각해 보세요. 한쪽 면은 회개이고 다른 면은 믿음이에요."

마크는 여전히 혼란스러워 보였다. "하지만 믿는 사람들이 자신의 행동을 회개해야 한다고 말하잖아요?"

로베르토는 펼쳐져 있는 성경책을 가리키며, "이 회개는 죄에 대한 용서 뿐만 아니라 주님과의 교제가 회복되는 것을 말하는 것이에요. 다른 말로 하면, 예수님을 믿는 자가 되었을 때가 하나님이 저를 용서하신 때이고, 제 삶에 구원이 임한 때이며, 제가 하나님의 가족으로 입양된 때를 의미하는 것이죠.[8] 그러나 이 세상에 살면서 계속 죄를 짓게 될 거예요. 우리가 죄를 지을 때마다 곧바로 하나님 아버지께 돌아가서 아버지께 우리 죄를 자백하고 그 죄로부터 돌이켜야 해요. 이 말은 지은 죄에 대한 하나님의 용서(전에 언급한)를 의미하는 것이 아니고, 아버지와 친밀함, 나의 삶 속에서 아버지의 인도하심이 끊어지지 않는다는 뜻입니다.

이런 식으로 생각해 봅시다. 저는 우리 부모님에 의해 태어났어요. 이것은 누구도 바꿀 수 없는 생물학적 사실이죠. 그런데 제가 우리 부모님을 욕한다면 부모님과의 친밀한 관계는 깨지겠죠. 어머니와 아버지라는 관계에는 변함이 없지만, 저의 행동은 가족 안에서 문제가 되겠죠."

히브리서의 저자는 "믿음이 없이는 하나님을 기쁘시게 못하나니 하나님께 나아가는 자는 반드시 그가 계신 것과 또한 그가 자기를 찾는 자들에게 상 주시는 이심을 믿어야 할지니라"라고 말씀한다(히 11:6). 성경에 기록되어 있는 "믿음"(belief), "의지"(trust), "신앙"(faith)에 해당하는 그리스어는 유사한 단어들이다. 신앙을 갖는다는 것은 예수님을 믿고 그분이 우리를 구원하신다는 것을 신뢰하는 것이다.

> **KEY POINT**
> 구원하는 믿음이란 올바른 대상인 예수님을 믿는 것이다.

예를 들면, 다윗은 우리의 믿음을 하나님 안에 두어야 한다고 기록했다(시 4:5; 9:10; 31:14). 예수님은 여인에게 "네 믿음이 너를 구원"했다고 말씀하셨고(눅 7:50), 바울에게 성화는 예수님 안에 믿음을 둔 결과였다(행 26:18). 바울은 모든 사람들이 주 예수를 믿는 믿음을 가져야 한다는 메시지를 전했다(행 20:21, 24:24).

불신은 우리가 하나님의 구원으로 들어가는 것을 방해한다. 로베르토가 마크에게 회개와 믿음은 동전의 양면이라고 말한 것처럼, 회개는 죄에서 돌이킴이고, 믿음은 구원을 위해 예수님께로 돌아서는 것을 포함한다. 다른 말로 하면, 진정한 회개는 진정한 믿음을 수반한다. 예수님만이 구원을 주시기에 구원으로 인도되는 대상은 예수님을 의지하는 믿음 안에 있어야 한다. 구원하는 믿음의 행위는 인격의 전 존재, 즉 지식, 감정, 의지를 포함한다.

구원하는 믿음은 예수님을 믿는 것이다

성경이 말하는 구원하는 믿음이란 올바른 대상인 예수님을 믿는 데서 오는 것이다. 믿는 것이다. 시편 기자는 "어떤 사람은 병거, 어떤 사람은 말을 의지하나" 우리는 여호와 하나님의 이름을 의지한다고 말했다(시 20:7). 예수님은 "내가 곧 길이요 진리요 생명이니 나로 말미암지 않고는 아버지께로 올 자가 없느니라"라고 말씀하셨다(요 14:6). 베드로와 요한은 종교 지도자들에게 예수님을 언급하며 이렇게 말했다. "다른 이로써는 구원을 받을 수 없나니 천하 사람 중에 구원을 받을 만한 다른 이름을 우리에게 주신 일이 없음이라"(행 4:12). 바울은 이렇게 기록했다. "누구든지 주의 이름을 부르는 자는 구원을 받으리라"(롬 10:13). 그는 고린도 교회 성도들에게 주 예수 그리스도의 이름 안에서 거룩함과 의롭다 하심을 받았다는 것을 상기시켜 주었다(고전 6:11).

구원하는 믿음은 우리의 지성을 포함한다

우리의 믿음은 인지적인 요소를 포함해야 한다. 구원받기 위해 우리는 예수님에 대해서 알아야 한다. 하나님께 가까이 나아가기 원하는 자들은 예수님을 믿어야 한다(히 11:6). 믿음이라는 말의 정의상 지적인 요소가 필수적이다.

구원하는 믿음은 우리의 감정을 포함한다

복음의 내용에 대한 지적인 동의와 더불어, 구원하는 믿음 안에는 감정이 포함된다. 구원하는 믿음 안에 감정적인 분출이 항상 뒤따르는 것은 아니지만, 세상의 악한 길에서 돌이켜 구원을 주시는 예수님께로 돌아선다는 것이 얼마나 열정적인 것인지를 나타낸다.

구원하는 믿음은 우리의 의지를 포함한다

구원을 위해서 오직 예수님만을 의지해야 한다. 구원하는 믿음은 우리의 의지를 끊임없이 예수님께 복종시킴을 의미한다. 우리의 의지는 우리의 행동을 이끌며, 우리의 행동은 본질적으로 죄악된 길에서 돌아섰다는 것을 보여주어야 한다. 그러나 그것은 우리가 완전하다는 것은 아니고, 우리 삶의 방향을 바꾸었다는 것이다.

🍃 고려해야 할 질문들

- 회개와 믿음이 동전의 양면이라는 사실을 아는 것이 당신의 복음을 전하는 방식에 어떤 영향을 준다고 생각하나?
- 믿음의 대상에 대한 중요성을 안다면 다른 사람에게 예수님을 전하는 방식에 어떤 변화가 있을 것이라 생각하나?

제5장
회심이란 무엇인가?

"좋아요. 그런 사실들이 도움이 돼요, 로베르토," 마크가 대답했다. 그는 의자의 두 다리를 뒤로 젖혔다.

로베르토가 시계를 슬쩍 보았다. "오늘 저녁에 집안 청소하는 것을 도와주기로 해서 집에 빨리 가야 하는데 어떻게 하죠? 내일은 아침 일찍 사무실에 출근해야 돼서 오늘 청소를 끝내야 해요. 이번 주말에 가족들이 우리 집에 오기로 했거든요. 지금 더 알고 싶은 것이 있나요?"

"있어요. 좀 전에 저에게 말씀해 주신 것과 연관된 다른 질문이 있는데요. 회심에 대해 알고 싶어요. 누군가 예수님을 따르기로 결단할 때를 말하는 것이지요? 맞나요?"

"맞아요." 로베르토가 커피를 다 마시면서 대답했다. "어떤 사람이 회심(개종)을 경험할 때 어떤 일이 일어나는지 말씀해 주시겠어요?"

"회심(개종)한다는 말이 대개 부정적인 것으로 보인다는 것을 알고 있어요."

"어떤 사람에게 다른 종교를 믿게 강요히는 것을 생각하고 있는 건가요?"

"아니면, 세뇌시키는 것이지요," 마크가 말했다.

일반 사회에서는 "회심"(개종)이라는 단어가 부정적인 의미로 사용되고 있다. 회심자(개종자)는 자신의 종교를 떠나 새로운 믿음을 갖도록 조종된 자로 인식된다. 다른 사람을 회심(개종)시킨 사람은 어두운 골목에서 도사리고 앉아서 아무 생각 없이 지나가는 행인들에게 달려들어 손에는 전도지를 붙들고 지옥 불로 위협하는 말을 장황하게 늘어놓는 무례한 자로 여겨진다.

> **KEY POINT**
> 회심은 예수님께로 돌아가는 것이다.

그렇게 "회심하다"나 "회심"이라는 말이 사람들 사이에서 부정적인 의미를 갖게 되었지만, 고정 관념을 버리고 하나님의 말씀이 그 단어들의 용례와 의미를 어떻게 설명하는지 이해할 필요가 있다.

바울은 회심 경험을 묘사할 때, 주님이 자신을 부르셔서 이방인들의 눈을 뜨게 하여 "어둠에서 빛으로, 사탄의 권세에서 하나님께로 돌아오게 하고 죄 사함과 나를 믿어 거룩하게 된 무리 가운데서 기업을 얻게" 하셨다고 쓰고 있다(행 26:18). 예루살렘으로 가는 도중 바울과 바나바는 베니게와 사마리아를 통과했고, "이방인들이 주께 돌아온 일을 말하여 형제들을 다 크게 기쁘게" 했다(행 15:3). 로마서를 마무리하면서 바울은 "내가 사랑하는 에배네도에게 문안하라 그는 아시아에서 그리스도께 처음 맺은 열매(첫 회심자)니라"(롬 16:5).

이와 유사한 방식으로 바울은 고린도서에서 회심에 대해 이렇게 썼다. "형제들아 스데바나의 집은 곧 아가야의 첫 열매(첫 회심자)요 또 성도 섬기기로 작정한 줄을 너희가 아는지라 내가 너희를 권하노니"(고전 16:15).

이와 같이 회심은 예수님께로 돌아가는 것이다. 회심은 사람들이 죄를 회개하고 예수님께로 돌아가고, 구원을 위해 오직 예수님만을 믿는 것이다. 회심은 구원의 과정에서 인간적 요소로 규정되고, 인간 개개인은 하나님의 영향력 안에서 변화된다. 회심은 사람의 마음속에서 중생하게 하시는 성령의 역사이다. 예를 들어, 개척되기 전의 안디옥 교회에서 이러한 현상을 볼 수 있다. 누가는 예루살렘을 떠나 안디옥으로 향하던 자들 중 몇 사람이 예수님을 전하며, "주의 손이 그들과 함께 하시매 수많은 사람들이 믿고 주께 돌아오더라"고 기록했다(행 11:21). 이렇듯 성경에는 잘못된 길에서 떠나 주님의 길로 향해 간다는 회심 사건에 관한 많은 증거가 있다.[9]

회심은 좋은 것이다

회심은 예수님을 따르는 삶의 시작이며, 우리가 하나님 나라에 들어갔다는 것을 나타내는 것이다. 우리가 흑암의 권세에서 나와서 빛의 나라로 들어가게 되었고 용서함을 받았으며, 이전의 삶은 지나갔고 새로운 삶이 시작되었다(고후 5:17). 우리는 회심할 때 이 세상의 우상을 버렸고, 이제는 진실되고 살아계신 하나님을 섬기게 되었다(행 26:20, 살전 1:9).

회심은 중생, 칭의, 성화와 연관되어 있다

회심은 구원의 과정에 있어서 인간의 반응인 한편 성령님의 역사와 연합하는 것이다. 진실한 대화가 시작되면 회심자는 중생을 경험하고(새 생명, 제7장 참조), 칭의(성령 하나님 앞에서 받아들여짐), 그리고 성화(하나님 나라를 섬기도록 구별됨)를 경험하게 된다.

어느 누구도 우리가 직접 회심하게 할 수 없다

침례(세례) 요한은 유대인들을 주님께 인도했고(눅 1:16), 야고보는 진리를 떠난 자들에게 돌아설 것을 권면했는데(약 5:19-20), 그러한 행동은 회심에 있어서 간접적으로 그들을 돕는 행위이다. 전도의 과정에서 누군가를 회심하도록 강요할 수는 없다는 것이다. 그러나 조종하는 태도로 누군가에게 접근하는 것이 아니라면, 우리는 전도를 통해 주님을 섬길 수 있다. 강압적인 접근은 예수님을 믿는 데 있어 거짓된 결단의 결과를 가져올 수 있기에, 우리는 사람들로 하여금 그들의 길에서 돌이켜 주님의 길로 돌아오도록 부드럽게 인도해야 한다.

우리가 자녀에게 음식을 먹으라고 강요할 수는 없으나 좋은 음식을 앞에 두고 저녁 식사 시간이니 저녁을 먹어야 한다고 말할 수는 있는 것처럼 그들을 도울 수 있을 것이다. 그러나 그들 자신이 입을 열고 음식을 씹고 스스로 음식을 삼켜야 한다. 불신자 앞에 먹고 싶은 좋은 음식을 놓아두자. 그들에게 그것이 무엇인지 말해야 한다. 그리고 그것이 얼마나 좋은지 보여주어야 한다. 그러나 그들 스스로 먹어야 한다는 것을 잊지 말라.

고려해야 할 질문들

- 교회 밖에 있는 사람들이 일반적으로 볼 때 회심은 긍정적인가, 아니면 부정적인가? 왜 그런가?
- 당신이 누군가를 강요하여 예수님을 믿게 할 수 없다는 것을 아는 것이 다른 사람에게 복음을 전하는 일에 어떤 영향을 준다고 생각하나?

제6장
회심은 일회적 사건인가, 계속되는 과정인가?

마크는 나뭇잎이 가을빛으로 물들고 있는 것을 알게 되었다. 스웨터를 입어야 할 계절이 왔다.

마크는 로베르토와 지난주에 나누었던 대화들을 계속해서 생각해 보았다. 매주 만날 때마다 질문할 내용을 생각하며 만나지는 않았지만, 지난주에 만났을 때 했던 질문이 해결되지 않은 채 계속 머릿속에서 맴돌고 있었다. 로베르토는 주중에 질문이 있으면 이메일을 보내라고 했지만, 마크는 오늘 만나서 직접 물어봐야겠다고 생각했다.

"마크, 어떻게 지내나요?" 로베르토가 먼저 물었다.

"오늘은 괜찮아요."

"괜찮다고요?" 로베르토가 대답했다. "잘 지내는 거죠?"

"왜요? 무슨 문제라도 있어 보이나요?"

"아니에요! 그냥 좋다고 안하고 괜찮다고 말해서요!"

두 사람은 한바탕 웃었다. "저는 그런 농담을 좋아하지 않아요!" 마크가 말했다.

"알죠! 알아요!" 로베르토는 더 적극적으로 대답했다. "스페인 사람이 백인 소년의 문법을 고쳐주고 있군요!"

"다음에는 제가 그대로 갚아드리지요!" 마크도 웃으면서 말했다.

"아, 아내와 저는 올 여름에 휴가 다녀올 계획을 세우고 있어요. 처음으로 크루즈 여행을 하려고 해요."

"아이들도 데리고 가시나요?" 마크가 물었다.

로베르토는 주저하면서, "그래요, 하지만 상황을 봐야 해요."

"자, 오늘 밤 제가 드리는 질문으로 대화를 시작해 볼까요?" 마크는 말했다. "한주 내내 생각했어요."

"아 그래요! 무슨 질문이죠?"

"지난주에 회심에 대해서 말하다가 마무리를 못 했잖아요. 질문이 하나 있는데요. 회심은 한 번으로 족한가요, 아니면 계속되는 과정인가요?"

나는 몇 년 동안 어떤 설교자들이 교인들에게 달력에 그들의 영적 생일을 적을 수 없다면 구원받은 것이 아니라고 말하는 것을 들었다. 또한 회심한 사람들 중 어떤 이들이 자신의 회심 일자와 장소, 그리고 자세한 경위 등에 대해 말하는 것을 들을 수 있었다. 그러나 우리의 구원은 그런 경험에 대한 기억에 근거하지 않는다. 물론 구원의 시간과 장소를 기억할 수 있다면 좋겠지만, 구원의

♀ KEY POINT
중생은 일회적 사건이다.

때는 하나님만이 아신다.

중생은 일회적 사건이다

성경은 사람들을 위한 성령의 사역은 분명한 시점에 일어난다고 말하고 있다. 이 사역은 새 생명이 태어나게 하는 것이고(요 3:5-8), 이를 중생이라 일컫는다. 중생과 관련해서 볼 때 회심은 성령의 사역에 대한 인간의 반응이다. 어떤 사람들은 구원의 서정(구원의 과정에서 일어나는 일련의 사건들)에 대해 이야기할 때, 회개와 그리스도를 의지하는 믿음은 한 순간에 마음에서 일어나는 것이라고 말한다. 그리스도를 믿는 과정은 긴 시간이 걸리는 것이라고 주장할 수도 있지만, 성경은 흑암의 세력에서 광명의 나라로 옮겨가는 것이 서서히 진행되는 것이라고 가르치지 않는다. 한 사람 안에서 잃어버려짐의 정도가 낮아지는 동시에 구원의 강도가 높아지는 것이 아니다. 하나님의 나라 안에 있든지, 그렇지 않든지 둘 중 하나다. 사람이 죽을 때 한발은 지옥에, 한발은 천국에 둘 수는 없을 것이다. 거듭난다는 것은 전부 아니면 제로, 둘 중 하나이다.

복음서에 나타난 예수님을 따르는 자들의 경우는?

예수님을 따르는 자들은 언제 진정한 회심을 경험하게 되었는가? 예수님이 그들에게 "나를 따라오너라"라고 말씀하셨을 때였을까, 부활 이후였을까? 복음서 저자들은 예수님의 제자들이 거의 3

년 동안 예수님과 같이 있었지만 부활의 몸을 보기 전까지는 예수님의 부활에 대한 진리를 이해하지 못했다고 기록한다(요 12:16; 20:9). 학자들은 제자들의 회심 시점에 대해 논쟁하지만, 명백한 것은 그 사람들은 예수님을 따르는 자들이었다는 것이다.

우리는 회심의 시점을 기억하지 못할 수 있다

나는 회심은 한순간에 일어난다고 보며, 많은 사람이 그 경험을 기억할 수 있다고 믿지만 어떤 사람들은 정확한 시점을 기억하지 못할 수도 있다고 생각한다. 예를 들어, 설교 마지막에 자신들의 삶을 그리스도께 드리고자 하는 이들을 초청했을 때, 그들이 강단 앞으로 나와 "구원받고 싶습니다!"라고 고백하는 상황을 살펴보자! 이 과정에서 설교자는 몇 구절의 성경 말씀(설교 중에 나누었던 성경 구절과 거의 같은 말씀들이다)을 들려주고 그들이 하나님께 기도하는 것을 본다. 강단 앞으로 걸어 나오는 행동(혹은 기도하는 것)이 그 사람을 구원하는 것이 아니기에, 강단으로 걸어 나오기 전 그가 자리에 앉았을 때 이미 마음속에 회개하고 예수님을 믿은 것이라 할 수 있다. 사도행전 10:44-48에서 고넬료와 그의 가족이 베드로가 그들에게 설교하는 동안 회심했던 사건처럼 말이다.

고려해야 할 또 다른 문제는 경건한 가정에서 자란 사람들의 경우이다. 많은 사람들이 언제 회개했고 언제 예수님을 믿었는지 모른다고 말한다. 그들은 항상 하나님을 경외하고 사랑하라고 배워

왔다고 말한다. 그런 사람들은 예수님을 사랑하지 않았던 때와 예수님을 따르지 않았던 때가 언제였는지 기억하지 못할 수 있다. 그들이 구원받은 채로 태어난 것은 아니므로 분명 그들의 마음이 성령님에게 민감했던 어린 시절 어느 때 회심했을 것이다.

회심은 감정에 근거해서는 안 된다

어떤 이들에게 회심의 경험은 매우 감정적일 수 있지만 다른 사람들에게는 아닐 수 있다. 어떤 이들은 예수님을 믿으면서 기쁨의 눈물을 흘리면서 흐느끼기도 하고 어떤 사람들은 외적인 반응을 보이지 않는 경우도 있다. 감정적 반응이 나타나지만 어떤 사람들은 하늘이 진동하고 땅이 움직이는 느낌을 경험하지 못할 수도 있다. 회심은 하나님을 향한 회개와 주 예수님을 믿는 믿음에 근거하며(행 20:21) 성령의 열매를 맺는 삶으로 입증된다(갈 5:22-23).

🍂 고려해야 할 질문들

- 당신의 회심의 경험을 설명해 줄 수 있는가? 언제 그런 경험을 했나?
- 당신은 어떤 사람이 회심을 했지만 그때를 기억하지 못하는 경우가 있다고 믿는가?
- 당신은 예수님의 열한 제자가 언제 회심했다고 생각하는가?

제7장
거듭남이란 무엇인가?

마크와 로베르토는 회심이 어떻게 일어나는지를 토의했는데, 마크는 이와 관련하여 다음과 같이 질문했다. "회심은 거듭남과 같은 것인가요?"

"그 둘이 연관이 있죠," 로베르토가 대답했다. 그는 커피잔을 탁자 위에 놓았다. "거듭남이란 주제와 연관 지은 것은 정말 좋은 접근이에요. 아마도 두 주 전인 것 같은데, 다른 회사에 다니는 사람이 그 주제에 대해서 저에게 이메일을 보내왔어요. 그 사람을 알게 된 지 벌써 몇 년이 지났는데, 예수님에 대해 그에게 몇 번 말할 기회가 있었죠."

"그가 뭐라고 썼는데요?" 마크가 물었다.

"요한복음 3:16과 거듭나는 것이 어떤 관련이 있는지 물었어요. 그에게 이 문제를 설명했을 때 그가 말하더군요. 그는 광고판에서 요한복음 3:16을 처음 보았는데 그때 든 생각이, '요한은 누구지? 3시 16분이 왜 그렇게 중요하지? 오전이야 오후야?' 였대요." 로베르토는 웃었다.

고속도로를 타고 운전할 때 도로 옆에 세워진 광고판에 이렇게 쓰여 있는 것을 본 적이 있다. "당신은 거듭나야 합니다!" 고속도로를 지나가는 사람들 중에 많은 힌두교도들은 이 광고판을 보고 이렇게 생각할 것이다. '아니지! 지금까지 나는 얼마나 많이 다시 태어났는데! 이젠 지쳤어.' 그리고 텔레비전을 통해서 언론인들이 믿는 사람들과 인터뷰할 때 자신이 거듭난 그리스도인이라고 말하는 것을 본 적이 있다. 마치 다른 부류의 믿는 자들이 있는 것처럼 말이다. 오래전 빌리 그레이엄 목사님은 「기꺼이 거듭나는 삶」(How to Be Born Again)이라는 유명한 책을 저술했다.

> **KEY POINT**
> 중생이란 한 개인이 그리스도 안에서 새로운 인간이 되는 과정이다. 다시 태어나는 것이다.

우리는 그 문장을 얼마나 많이 들었는지 모른다. 그런데 "거듭남"이란 단어의 뜻이 과연 무엇을 의미하는지 알고 있는가?

흔한 편견과 부정적인 개념은 차치하고, 예수님을 따르는 모든 사람들은 거듭난 사람들이라고 할 수 있다. 거듭나지 않았다면 여전히 죄 가운데 거하며 하나님과 분리되어 있는 상태에 있는 것이다. 구약 성경에 이 교리(중생)를 뒷받침하는 구절이 있기는 하지만, 특히 이스라엘과 관련지어 볼 때 이 개념은 요한복음 3장에 나오는 예수님께서 니고데모를 만난 사건에서 기인한다. 종교 지도자이며 바리새인이었던 니고데모는 밤에 예수님께 나아왔다. 그는 예수님이 하늘로부터 오신 분이라는 것을 알았다. 예수님은 단도직입적으로 그에게 말씀하셨다. "진실로 진실로 네게 이르노니 사람이 거듭나지 아니하면 하나님의 나라를 볼 수 없느니라"(요 3:3). 내가 여기서 발견한 놀라운 사실은, 그리스도인들이 사람들에게 예수님을 따르는 자인지 아닌지 알아보기 위해 "당신은 거듭났습니까?"라고 묻고는 하는데, 예수님께서는 이 사람에게만 이 질문을 하셨다는 점이다. 왜 그러셨을까? 예수님은 지금 니고데모가 영적으로 어느 단계에 와 있는지를 살펴보고 계셨던 것이다.

니고데모는 이스라엘의 종교 엘리트였고 아브라함의 자손이었기 때문에 하나님과 올바른 관계를 갖기 위해 무엇을 해야 하는지 잘 알고 있었다. 아브라함과 그의 자손은 택함 받은 백성, 하나님의 율법을 받은 하나님의 백성, 열방의 빛이었다. 그런 후에 예수님은 니고데모의 신앙적 배경이 하나님과의 관계를 보증하는 것은 아니라고 말씀하시며, 좋은 부모 밑에서 태어나는 것만으로 충분하지 않고 거듭나야 한다고 하셨다.

베드로도 첫 번째 서신에서 거듭남이라는 단어를 사용했다. "우리 주 예수 그리스도의 아버지 하나님을 찬송하리로다 그의 많으신 긍휼대로 예수 그리스도를 죽은 자 가운데서 부활하게 하심으로 말미암아 우리를 거듭나게 하사 산 소망이 있게 하시며 썩지 않고 더럽지 않고 쇠하지 아니하는 유업을 잇게 하시나니 곧 너희를 위하여 하늘에 간직하신 것이라 너희는 말세에 나타내기로 예비하신 구원을 얻기 위하여 믿음으로 말미암아 하나님의 능력으로 보호하심을 받았느니라"(벧전 1:3-5). 베드로는 계속해서 이렇게 말했다. "너희가 진리를 순종함으로 너희 영혼을 깨끗하게 하여 거짓이 없이 형제를 사랑하기에 이르렀으니 마음으로 뜨겁게 서로 사랑하라 너희가 거듭난 것은 썩어질 씨로 된 것이 아니요 썩지 아니할 씨로 된 것이니 살아 있고 항상 있는 하나님의 말씀으로 되었느니라"(벧전 1:22-23).

이 구절과 다른 구절을 보듯 거듭난다는 것은 사람들의 삶 속에서 성령께서 역사하시는 행위라는 것을 알 수 있다. 인간의 선행이 아니라 하나님의 주권적인 역사에 기초하는 것이다. 이것을 중생의 교리라고 한다. 바울은 이 문제에 대해 디도에게 다음과 같이 썼다:

"우리도 전에는 어리석은 자요 순종하지 아니한 자요 속은 자요 여러 가지 정욕과 행락에 종 노릇 한 자요 악독과 투기를 일삼은 자요 가증스러운 자요 피차 미워한 자였으나 우리 구주 하나님의 자비와 사람 사랑하심이 나타날 때에 우리를 구원하시되 우리가 행한 바 의로운 행위로 말미암지 아니하고 오직 그의 긍휼하심을 따라 중생의 씻음과 성령의 새롭게 하심으로 하셨나니 우리 구주 예수 그리스도로 말미암아 우리에게 그 성령을 풍성히 부어 주사 우리로 그의 은혜

를 힘입어 의롭다 하심을 얻어 영생의 소망을 따라 상속자가 되게 하려 하심이라"(딛 3:3-7)

중생이란 한 개인이 그리스도 안에서 새로운 인간이 되는 과정이다. 다시 태어나는 것이다.

제임스 패커는 중생을 이렇게 설명했다:

"중생이란 새로운 창조의 사역이 시작되게 하는 '출생'이며, 거기부터 '성장'이 이루어지는 과정인 성화가 이어진다(벧전 2:2, 벧후 3:18).

"중생이란 경건치 못하고, 삶의 기준이 없으며, 자기 유익(롬 3:9-18, 8:7)만을 추구하던 아담의 성향을 가진 사람이 반역과 불신앙에서 돌이켜 하나님 말씀을 신뢰하고 순종하는 삶으로 변화하는 것이다.

"중생이란 어두워진 마음이 밝아져 영적 실재를 분별하게 하는 것이다(고전 2:14-15, 고후 4:6, 골 3:10).

"중생이란 노예 의지에서 해방되어 하나님께 자유롭게 순종하도록 힘쓰는 것이다(롬 6:14, 17-22; 빌 2:13)."[10]

🍂 고려해야 할 질문들

- 당신은 거듭났는가? 그리고 거듭난 삶을 살고 있나?

- 거듭난 사람들의 삶의 모습을 볼 때, 그것이 당신을 힘들게 하지는 않는가? 그렇다면 왜 그런가? 거듭난 그리스도인들의 모습은 어떤 것이어야 하나? 그런 모습들은 성경적인가?

제8장
무엇으로부터 구원받는가?

"좋아요, 예수님에 대해서 다른 사람들과 이야기할 때, '거듭남'이라는 단어를 종종 사용하지요. 그러면 '당신은 구원을 받으셨나요?'라는 질문에 대해서는 어떻게 생각하세요?" 마크가 물었다.

로베르토는 어떻게 대답해야 할지 잠시 생각해 보았다. "구원받는 것과 구원은 심오한 신학적 진리를 다루는 성경적 용어죠."

"은유와 같은 것이지요," 마크가 덧붙였다.

"맞아요. 당신이 설명할 수 있을 것 같은데. 마크, 그러나 단순한 은유 그 이상이에요. '구원받다'라는 말은 하나님 관점에서 볼 때 잘 이해할 수 있어요. 하나님은 그분의 진리를 우리에게 전달하기 위해서 이 개념을 사용하기로 정하신 거예요."

마크는 기대어 앉아서 물었다. "우리가 흔히 누군가 구원을 받았다고 말할 때, 우리는 그들이 무엇으로부터 구원을 받는다는 것을 의미하잖아요. 그럼 그 말은 우리가 죄에서 구원을 받고 천국으로 가는 것을 말하는 것인가요?"

로베르토는 고개를 끄덕였다. "하지만 단순히 죄에서 구원을 받고 천국으로 가는 것 이상을 의미하죠."

"지옥으로부터의 구원이요?"

"그래요. 그것보다도 더 깊은 의미가 있어요!" 로베르토가 대답했다. "오늘 집에 가기 전에 성경 구절을 좀 더 살펴봅시다."

나는 아버지에게 복음을 전하려고 했던 내 친구 이야기를 들은 적이 있다. 그 친구는 회심을 경험하고 얼마 후 집으로 가서 아버지에게 "아버지 구원받으셨어요?"하고 물었다. 내 친구는 신앙에 대해 직설적으로 묻는 것을 좋아하는 부류였다. 그 친구는 아버지가 이 질문을 이해하시리라 생각했던 것 같다. 그러나 그의 아버지가 "무엇으로부터의 구원을 말하는 거니?"라고 다시 물으셨다. 여기서 우리는 성경에서 구원받았다고 하는 말의 의미를 좀 더 세밀히 살펴볼 필요가 있을 것 같다.

> **KEY POINT**
> 우리는 예수님을 믿을 때 우리를 지배하는 죄의 권세에서 구원을 받는다.

죄의 대가로부터 구원

하나님은 무한하신 사랑의 하나님이신 동시에 공의의 하나님이시다. 하나님은 죄에 대해서는 그 대가를 요구하신다(하나님의 영원한 진노를 의미한다). 변하지 않는 하나님의 법칙은 정의를 요구하신다. 예수님께서 십자가에 달려 죽으실 때 그는 우리의 죄에 대한 형벌을 대신 지셨으며 영원하신 하나님의 진노를 감당하셨다. 우리의 믿음을 예수님께 두는 것으로 우리는 죄인이 받게 될 죄의 형벌과 지옥에서 구원받게 된다(계 20:11-15). 한편 우리가 예수님께서 행하신 위대한 구원의 사역을 생각하며 그분을 의지할 때(롬 14:12) 우리는 죄에 사로잡히지 않게 될 것이다(골 1:14).

죄의 권세로부터 구원

우리는 예수님을 믿을 때 우리를 지배하는 죄의 권세에서 구원을 받는다. 성령님께서 우리 삶이 그리스도를 닮게 하시려고 우리 안에서 역사를 시작하신다. 거짓말, 도둑질, 험담과 같은 죄악의 행습을 끊고, 정직, 자비, 사랑과 같은 그리스도를 닮은 성품으로 변화되는 과정은 평생에 걸쳐 일어난다. 성령님의 능력으로 살 때 죄의 능력은 더 이상 우리를 통제하지 못하게 된다(갈 5:16-26).

죄의 존재로부터 구원

우리가 예수님을 믿을 때 언젠가 우리도 죄의 존재로부터 완전히 자유롭게 될 것을 믿는다. 거룩이라는 완전한 상태는 하나님의 임재 안에 완전히 거할 때 비로소 실현된다. 요한계시록 21장은 우리 구원의 위대한 소망을 보여주고 있다. "내가 들으니 보좌에서 큰 음성이 나서 이르되 보라 하나님의 장막이 사람들과 함께 있으매 하나님이 그들과 함께 계시리니 그들은 하나님의 백성이 되고 하나님은 친히 그들과 함께 계셔서 모든 눈물을 그 눈에서 닦아 주시니 다시는 사망이 없고 애통하는 것이나 곡하는 것이나 아픈 것이 다시 있지 아니하리니 처음 것들이 다 지나 갔음이러라 보좌에 앉으신 이가 이르시되 보라 내가 만물을 새롭게 하노라 하시고 또 이르시되 이 말은 신실하고 참되니 기록하라 하시고"(계 21:3-5).

사탄으로부터 구원

구원은 하나님의 대적인 사탄으로부터의 보호하심과 밀접하게 연관되어 있다. 사탄이 하나님의 자녀들을 공격해도 우리는 하나님의 손 안에서 안전하게 거한다. 예수님은 우리 구원에 대해 이렇게 말씀하셨다. "내 양은 내 음성을 들으며 나는 그들을 알며 그들은 나를 따르느니라 내가 그들에게 영생을 주노니 영원히 멸망하지 아니할 것이요 또 그들을 내 손에서 빼앗을 자가 없느니라 그들을 주신 내 아버지는 만물보다 크시매 아무도 아버지 손에서 빼앗을 수 없느니라"(요 10:27-29).

예수님을 따르는 자로서 우리는 흑암의 왕국에서 그리스도의 왕국으로, 사탄의 권세에서 하나님의 권세로 옮겨진 자들이다. 요한계시록 20:10은 그날이 오면 사탄은 영원한 지옥에 던져질 것이라고 말한다. 그때까지 사탄은 우리를 공격할 것이다. 그러나 우리는 예수님만이 주실 수 있는 구원과 보호하심을 절대 잃지 않을 것이다.

자아로부터 구원

구원의 또 다른 측면은 우리 자신의 파괴된 자아로부터의 구원이다. 우리는 자신의 욕망과 반역의 길을 추구하는 삶으로부터 구원을 받는다. 예수님은 그가 온 것은 "생명을 얻게 하고 더 풍성히 얻게 하려는 것이라"라고 말씀하셨다(요 10:10). 구원은 미래의 영원한 실재와 연관되어 있기 때문에, 구원이 지금 여기서 시작되었다는 것을 잊어서는 안 된다. 이 구원은 이 세상의 삶과 관련된 지침과 지혜를 제공해 준다. 풍성한 삶을 약속한 선한 목자는 우리와 함께 하시며 우리 삶의 모든 영역에 관여하신다. 결혼할 배우자, 다니는 학교, 일하는 직장, 어떤 집을 사야 하는지, 어떻게 자녀를 양육해야 하는지, 어디로 휴가를 가야하고, 무엇을 즐겨야 하고, 퉁명스러운 이웃을 어떻게 대해야 하는지 등 삶의 모든 영역에서 우리를 돌보신다.

어떤 이들은 파스칼의 그 유명한 내기에 논쟁의 요소가 있다고 말하지만, 나는 그 논쟁조차도 의미가 있다고 생각한다. 그가 말하는 내기가 무엇일까? 내 짧은 소견으로 볼 때 프랑스의 철학자인 파스칼은 하나님은 존재하지 않으며, 예수님은 말도 안 되는 억지이고, 구원은 어리석은 개념이라고 말하는 무신론자로부터 비난을 받았던 것 같다. 이에 대한 파스칼의 반응은 대략 다음과 같다: 나는 하나님이 존재한다는 것에 내기를 걸겠다. 이 내기에서 내가 이기고 하나님은 그분이 주장하시는 바와 같다면, 내가 얻는 것이 어떤 것인지 보라. 그러나 내가 내기에서 지고 하나님을 믿는 모든 것들이 단지 신화에 불과하다 해도, 이 세상에서 그분을 따름으로 인해 얻었던 것들을 보라!

파스칼의 추론에 따르면 하나님이 존재하시지 않고, 구원이 사실이 아니며, 하늘은 지어낸 이야기일 뿐이라 해도 예수님을 따르는 길은 험난한 이 세상의 삶에서 도움이 되는 것이다. 우리는 평화의 마음을 가질 수 있고 평안한 잠을 잘 수 있다. 무엇을 먹을까 입을까 걱정할 필요가 없다. 질투, 시기, 어리석음, 낭비, 술 취함, 성적 부도덕, 탐욕, 이기심, 분노, 거짓, 도둑질 등으로부터 발생하는 사회, 육체, 심리적 문제들에서 보호해 줄 윤리를 가지게 될 것이다.

예수님을 따르는 자들이 가질 수 있는 단점이 있다면, 이 세상을 가치 없는 곳이라 여겨 하늘에만 치우친 마음을 가질 수 있다는 것이다. 안타깝게도 오랫동안 많은 교회가 구원은 인생이 끝나는 미래의 어느 날에 보상받게 되는 생명보험인 것처럼 가르쳐 왔다. 이와 같은 메시지로는 믿는 자들이 예수님을 믿는 삶으로 돌아온 후에도 여전히 "하나님이 전에 예비하사 우리로 그 가운데 행하게 하려 하시는"(엡 2:10) 선한 삶을 살게 하지 못한다. 구원에 대한 잘못된 가르침은 하나님 나라를 구현하는 일에 걸림돌이 된다.

🍀 고려해야 할 질문들

- 우리가 무엇으로부터 구원을 받았는지를 아는 것이 다른 사람들에게 복음을 전하는 방식에 어떤 영향을 줄 수 있는가?
- 구원이 지금 여기서 시작되는 것을 아는 것이 다른 사람들에게 복음을 전하는 방식에 어떤 영향을 줄 수 있나?

제9장
하나님이 주관하신다면, 우리가 전도할 필요가 있는가?

　마크와 로베르토는 매주 만나서 인생에 대하여, 예수님을 따르는 것에 대하여 진지하게 토론을 해 왔다. 어느 가을날, 마크가 기말고사를 봐야 할 시기였다. 로베르토와 그의 가족이 가을의 정취를 만끽하기 위해 주말에 산행 길에 올랐다.
　마크는 매주 목요일 저녁 모임을 좋아했고 기대하면서 맞이하고는 했다. 로베르토의 성경 지식을 보고 놀랐지만, 그보다 더 놀라웠던 것은 로베르토의 삶의 모습이었다. 그는 말하는 대로 실천하며 살았다. 물론 그가 완벽한 사람은 아니었지만, 로베르토와 마크는 둘 다 그렇게 살아야 한다는 것을 알고 있었다. 마크가 기억하는 몇 가지 사례가 있었는데, 로베르토는 마크에게 자신의 부족한 점을 고백했고 그 점에 대해 기도를 부탁했다. 로베르토가 자신의 투명한 모습을 보일 때마다 마크는 감명을 받았고 놀라워했다. 자신의 멘토인 로베르토가 자기 문제를 스스로 인정하고 정직하게 자신의 문제를 노출했을 때, 그 정직함이 듣는 이를 실족하게 할 수 있다는 두려움을 갖지 않았다는 것이 놀라웠다.
　사실 로베르토의 투명성은 자석 효과를 가지고 있었다. 마크가 로베르토에게 자신의 갈등에 대해 처음 이야기했을 때 마크가 이렇게 말했다. "당신은 다른 대부분 사람들과는 다르네요. 손아랫사람에게 자신의 약함을 보여준다는 것은 쉽지 않은 일인데요. 지난 학기에 읽은 경영 리더십 책에서는 사람을 이끌어 가는 권위를 유지하기 위해서 그런 행동은 안 된다고 말하고 있어요."

로베르토는 그 저자의 관점에 동의하지 않았으며, 이렇게 말했다. "이 세상 원리가 하나님 나라에 항상 적용되는 것은 아니에요." 그런 말들이 마크의 마음속에 각인되었던 것이다.

빈스 가게 앞에 차를 대면서 마크는 목요일에는 좀처럼 없는 좋은 주차 자리를 찾을 수 있었다. 로베르토는 이미 안에 들어와 커피를 마시고 있었다.

이번 주에 로베르토가 먼저 대화를 시작했다. "당신에게 이야기해 줄 것이 있어요," 그는 자신에 찬 목소리로 말했다.

"좋아요, 말씀하시죠!" 마크가 애플파이를 집어 들면서 말했다.

"지난 주일 설교는 우주의 모든 것을 주관하시는 하나님에 대한 말씀이었어요."

"하나님의 주권!" 마크도 그 말에 덧붙였다.

"좋아요. 자, 성경이 하나님께서 주관하시고 어떤 것도 하나님의 뜻에서 벗어날 수 없다고 말하는데, 전도에 대해서는 어떨까요?"

"전도에 대해서라구요?" 마크도 반복해서 말했다.

"하나님이 모든 것을 주관하신다면, 우리가 왜 복음을 전해야 할까요?" 로베르토가 살짝 웃으면서 질문했는데, 그 미소는 마크가 전에 몇 번 보았던 것과 같았다. 로베르토는 답을 알고 있었지만 마크로 하여금 그 문제에 대해 생각할 수 있는 기회를 주는 것이었다.

"저에게 소크라테스식으로 질문하지 말아주세요." 마크가 웃으면서 말했다. "음, 하나님께서 복음이 사람들에게 전달되는 것을 포함한 구원의 모든 일들을 주관하신다면…. 그러면 하나님이 또한 이 세상을 구원하시는 것도 주관하지 않을까요? 그런데 하나님은 우리에게 복음을 전하라고 하셨는데…. 그래서 우리가 다른 사람들에게 예수님에 대해 전하는 것이지요."

"그것이 전부인가요?" 로베르토가 TV 쇼 진행자처럼 질문했다.

"예, 그래요."

"이번에는 당신에게 A점수를 주어야겠군요. 그러나 여기에 더할 것이 있어요. 성경이 뭐라고 말하는지 봅시다." 로베르토는 성경을 펴서 몇 페이지를 넘겼다.

마크에게 한 로베르토의 질문은 좋은 것이었다: 하나님께서 주관하신다면 우리가 왜 복음을 전해야 하나? 하나님은 내가 복음을 전하든 전하지 않든 자신이 원하는 자들을 구원할 수 있지 않으신가?

기억해야 할 첫 번째 사실은 복음의 메시지를 전하는 것이 하나

님의 선교에 있어 중요하다는 것이다. 사도 바울은 이렇게 기록했

> **KEY POINT**
> 우리가 다른 사람들에게 그리스도의 복음을 전하는 일에 순종할 때 하나님은 우리를 사용하셔서 다른 사람들을 하나님의 나라로 인도하신다.

다. "십자가의 도가 멸망하는 자들에게는 미련한 것이요 구원을 받는 우리에게는 하나님의 능력이라"(고전 1:18). 바울은 복음의 메시지 혹은 "십자가의 도"가 사람들이 예수님을 믿게 하는 방법이라는 것을 알았다. 이것을 통해 하나님은 이 세상에서 하나님의 능력을 드러내신다. 바울은 복음을 부끄러워하지 않는다고 했다. 왜냐하면 이것이야 말로 "모든 믿는 자에게 구원을 주시는 하나님의 능력"이기 때문이다(롬 1:16).

이 복음 메시지는 사람들을 하나님의 나라로 인도하고, 풍성하고 영원한 생명을 주는 유일한 메시지이기 때문이다.

구원의 방법을 정하심

하나님께서는 주권자이시기에 이 세상의 어떤 일도 그분의 뜻이 아니고는 발생할 수 없다(엡 1:11). 마크는 로베르토와 대화를 하면서 하나님이 그분의 교회에게 복음을 전하라고 명령하셨기 때문에 우리가 다른 사람들에게 복음을 전해야 한다는 사실을 알게 되었다. 성경을 통해 주님은 다른 사람에게 복음을 전함으로 주님의 증인이 되라고 우리에게 수없이 명령하신다. 우리는 제자를 삼아야 한다(마 28:19). 누가는 온 천하에 다니면서 복음을 전해야 한다고 기

록하고 있고(눅 24:46-49), 요한은 예수님께서 우리에게 복음을 전하기 위하여 우리를 보내신다고 기록했다(요 20:21). 사도행전에서 누가는 온 세상 끝까지 예수님의 증인이 되어, 보고, 듣고, 경험한 것들을 말함으로써 증인의 역할을 할 수 있다고 기록했다(행 1:8).

이 구체적인 명령과 더불어 복음서에는 예수님께서 행하신 많은 전도의 예가 나타나며, 복음을 전하는 사도행전 교회의 모습을 볼 수 있다.

하나님은 자기 피조물들에 대해서 주권을 가지고 계시며 자기를 따르는 이들에게 복음을 전하라고 명령하셨다. 하나님은 이 세상에서 자기 계획을 완성하실 수 있는 방법을 정하셨다. 그 방법이 무엇인가? 그분의 완전한 계획 안에서 그분의 교회가 세상에 복음을 전파하는 것이 하나님께서 정하신 방법이었다.

사도 바울은 로마의 교인들에게 편지를 쓰면서 이 복음을 전하는 것과 그 복음에 반응하는 것의 관계에 대해 이렇게 썼다. "누구든지 주의 이름을 부르는 자는 구원을 받으리라 그런즉 그들이 믿지 아니하는 이를 어찌 부르리요 듣지도 못한 이를 어찌 믿으리요 전파하는 자가 없이 어찌 들으리요"(롬 10:13-14).

여기에서 바울의 포인트는 회개와 믿음으로 주를 부르는 자는 누구나 죄를 용서받고 구원받는다는 것이다. 그러나 그는 또한 독자들에게 질문한다. 사람들이 하나님과 그분의 구원에 대해 모른 채로 자기 구원을 위해 하나님을 부르는 것이 가능할까, 하는 것이다.

바울은 자기 독자들이 단호하게 아니라고 말할 것이라 생각했다. 바울은 다시 두 가지 질문을 던진다. 믿지 않는 자가 예수님에 대해 듣고 믿기 위해서는 누군가 그들에게 가서 말을 해 주어야 한다는 것이다.

여기서 우리가 알 수 있는 사실은, 하나님이 정하신 구원의 방법은 복음을 전하는 것에 있다는 것이다. 바로 그의 백성의 입을 통해서 말이다. 다시 말해, 누구도 복음을 전하지 않는다면 누구도 예수님을 믿으러 오지 않는다는 것이다.

누군가 그들에게 전파해야 하지만 나는 전하는 자나 교회의 목사도 아니라고 당신이 생각한다면, 잠깐! 바울의 말처럼, 전파하는 것은 단지 복음을 다른 사람들에게 나누는 것임을 기억해야 한다. 그것이 전도를 실천하는 것이다. 그것이 강단 위에서 행해지든, 식당 테이블에서 행해지든. 전파하는 것은 모든 하나님 나라의 백성들이 의무이지 전문가만 하는 것은 아니다.

더 나은 방법은?

우리 중 누군가는 보다 더 효과적이고 더 나은 전도의 방법이 있다고 생각할 것이다. 결국 우리는 인간에 불과하고, 실수할 수밖에 없다. 그렇지 않은가? 내가 말하려는 것은, 복음이 전달되어야 하는 소중한 이야기일지라도 우리는 그러한 진리를 전할 만한 자격 있는 자들이 아님을 안다는 것이다.

그러나 더 나은 방법이 있다고 생각하는 것은 옳은 태도가 아니다. 주님은 자기 자녀들, 즉 부족한 모든 자들을 사용하신다. 우리가 그분의 사랑을 다른 사람들에게 전하기 위한 토기에 불과하다 할지라도 그리스도 때문에 우리 안에는 보배가 들어있다(고후 4:7). 기억하라. 우주의 하나님과 함께 이 세상에서 그분의 구원을 실천하는 일에 함께 동참한다는 것이 얼마나 영광스럽고 복된 일인가!

성경이 우리에게 말하는 것은, 하나님의 길은 우리 길과 다르다는 것이다. 그분의 생각은 우리의 생각과 다르다(사 55:8). 주님은 자기 백성이 그분의 사랑을 그분의 피조물들에게 나눌 때 영광을 받으신다. 하나님은 그분의 경륜 안에서 세상의 어리석은 자들을 택하셔서 지혜로운 자들을 부끄럽게 하시고 약한 자들을 통해서 강한 자들을 부끄럽게 하신다(고전 1:27). 우리가 다른 사람들에게 그리스도의 복음을 전하는 일에 순종할 때 하나님은 우리를 사용하셔서 다른 사람들을 하나님의 나라로 인도하신다. 그분의 때에 그분의 능력으로 완성되는 하나님의 계획은 우리에게 최선이며, 그분의 영광에 최선이다.

🧠 고려해야 할 질문들

- 복음을 다른 사람들에게 전하는 하나님의 방식에 대해 고민해 본 적이 있었는가? 그렇다면, 어떤 어려움들이 있었는가?
- 지금 당신은 그분의 사랑을 나누는 하나님의 계획을 전달하는 방법에

즐겁고 충성스럽게 순종하고 있나? 그렇지 않다면, 왜 그렇게 하지 않고 있나?

제10장
선택이란 무엇인가?

마크는 등이 아파서 팔을 머리 위로 뻗어 보았다. 뭔가 알았다는 듯한 소리를 지르면서 이렇게 말했다. "좋아요, 이 복음이 사람들을 하나님 나라로 인도하는 메시지이고, 지금은 엉망이 된 상태이지만 하나님의 백성이 그분의 사랑을 다른 사람들과 나눌 때 하나님께서 가장 큰 영광을 받으시기 때문에 우리가 복음을 전해야 한다는 것을 알겠어요."

로베르토는 마크가 마음속에 다른 질문이 있다는 것을 알고는 대답하지 않았다. 그는 마칠 때 기도로 끝나는 점 외에 정해놓지 않고 지속적으로 열린 질문을 통해 주제를 이어가는 대화식의 만남을 좋아했다. 그는 항상 그들이 함께 하는 시간을 마치 여러 개의 출구가 있는 고속도로를 운전하는 것 같다고 생각했다. 그는 어떤 출구를 택할 때 그 길이 어디로 이어지는지 전혀 알지 못했다.

"하나님의 주권이라는 문제는 내 마음에 또 다른 질문을 떠오르게 해요." 마크가 말했다.

로베르토는 미소를 던졌다. "당신이 지금 무슨 질문을 할지 알 것 같아요."

"하나님이 주권을 가지고 계시다면, 어떤 사람을 택해서 천국에 가게 하시고 어떤 사람은 지옥에 가도록 선택하실까요? 그리고 자유 의지란 무엇일까요? 사람들에게 자유 의지가 있을까요? 아니면 우리는 로봇에 불과한가요? 다른 사람들에게 복음을 나눌 때 우리는 그들에게 죄에서 돌이켜 예수님께 돌아오라고 도전하는데, 그들이 돌아서지 않는다면 그것은 시간 낭비 같은데요."

"좋은 질문이에요," 로베르토가 외쳤다. "정말 좋은 질문을 많이 하는군요."

마크는 다시 한 번 앞쪽으로 몸을 내밀었다. 그는 로베르토가 보여주는 성경을 아주 흥미롭게 읽고 있었다.

"좋아요, 마크. 당신 질문에 대해 토의할 시간이 충분히 있었으면 좋겠어요. 그러나 시간이 많지 않으니 다음주에 이야기하도록 합시다," 로베르토는 마크에게 장난스럽게 말했다.

"됐거든요!" 마크가 웃으면서 소리쳤다. "우리가 대화한 시간이 45분 밖에 안 지났는데요!"

"좋아요. 그럼 성경 말씀을 봅시다," 로베르토가 크게 숨을 쉬었다. "아무튼 45분은 충분하지 않아요."

성경 안에는 선택의 교리가 명백하든 아니든 여러 곳에 나타나 있다. 어떤 사람들은 선택의 문제를 쉽게 무시하거나 안타깝게 여기기도 하지만, 우리는 그것을 통해 많은 위안과 격려를 얻어야 한다. 이 교리는 하나님의 신비에 속한다. 전도와 관련시켜 볼 때 우리가 확신할 수 있는 것은 예수님을 믿으러 오는 자가 사람이라는 것 뿐이다.

선택은 주권을 가지신 하나님께서 자기 영광을 위하여 개인과 단체(예를 들면 이스라엘과 교회)를 특별한 목적을 가지고 택하셨다는 교리이다. 특히 전도와 관련지어 볼 때, 구원받게 될 자들을 하나님이 선택하신다는 것이다. 선택의 교리와 밀접하게 연관되는 것이 예정의 교리이다. 이것은 하나님께서 어떤 사람들은 자신의 길을 가도록 허락하시지만, 어떤 사람들은 구원받을 사람들로 영원 전에 택하신다는 것이다.

> **KEY POINT**
> 선택은 주권을 가지신 하나님께서 자기 영광을 위하여 개인과 단체(예를 들면 이스라엘과 교회)를 특별한 목적을 가지고 택하셨다는 교리이다.

성경은 하나님의 택하심은 사람의 행위의 결과가 아니라고 분명히 말한다. 하나님께서 직접 자격 없는 자를 은혜로 선택하신다. 선택과 예정이 고도로 개인주의적이며 평등을 강조하는 미국의 문화(오직 예수님만을 믿을 때 구원을 얻게 된다는 것은 분명하지만)에서는 정치적으로 옳고 그름을 따져야 할 문제로 볼 수도 있지만, 이 교리는 성경에 분명하게 나타나 있는 것이다. 우리는 모두 죄 때문에 하나님의 공의에 따라 영원한 진노를 받아 마땅하다. 그러나 우리들 중 어떤 이들은 하나님의 긍휼을 받는다. 그것은 우리 안의 어떤 선한 행위가 아닌 단지 그분의 의지로 말미암은 긍휼 때문이다.

예를 들어, 에베소 교인들에 보내는 편지에서 바울은 이렇게 썼다. "찬송하리로다 하나님 곧 우리 주 예수 그리스도의 아버지께서 그리스도 안에서 하늘에 속한 모든 신령한 복을 우리에게 주시되 곧 창세 전에 그리스도 안에서 우리를 택하사 우리로 사랑 안에서 그 앞에 거룩하고 흠이 없게 하시려고 그 기쁘신 뜻대로 우리를 예정하사 예수 그리스도로 말미암아 자기의 아들들이 되게 하셨으니 이는 그가 사랑하시는 자 안에서 우리에게 거저 주시는 바 그의 은혜의 영광을 찬송하게 하려는 것이라"(엡 1:3-6).

바울이 이 구절에서 쓴 내용에 주목할 필요가 있다. 하나님은 이 세상이 시작되기 전에 그분 안에서 믿는 자들을 택하여 거룩하고 흠이 없게 하시려고 했다. 이것은 그분의 사랑으로 말미암아 믿는 자들을 예정하시고 그리스도를 통해 그분의 양자가 되게 하셨다는 뜻이다. 이 모든 것은 그분의 목적과 뜻대로 이루어진 것이다. 하나님이 믿는 자들을 택하셨다는 것은 분명하게 나타나 있다(그들을 예정하사 그분의 자녀가 되게 하셨다). 이것은 그들이 태어나기도 전에, 어떤 선한 것이나 악한 행동을 하기 전에 이루어진 것이다.

이 놀라운 선택의 교리, 특히 예정의 교리를 이해하는 데 도움을 주는 다른 구절은 로마 교인들에게 보내는 편지 안에 나타나 있다. "하나님이 미리 아신 자들을 또한 그 아들의 형상을 본받게 하기 위하여 미리 정하셨으니 이는 그로 많은 형제 중에서 맏아들이 되게 하려 하심이니라 또 미리 정하신 그들을 또한 부르시고 부르신 그들을 또한 의롭다 하시고 의롭다 하신 그들을 또한 영화롭게 하셨느니라"(롬 8:29-30).

나는 루이스 드러몬드(Louis Drummond)가 이 예정의 교리에 대해 쓴 말을 좋아한다. "예정에 대해서 성경이 의미하는 바가 어떤 것이든, 그것은 가능한 모든 사람들을 구원하기 위한 하나님의 방법이다. 우리가 잊지 말아야 할 것은, 아버지의 뜻은 '아무도 멸망하지 아니하고 다 회개하기에 이르'는 것이다(벧후 3:9). 이 기본적인 진리를 먼저 기억해야 한다."[11]

성경 안에 나타난 선택과 예정

이 교리의 의미를 이해하기 위해서 선택과 예정과 관련된 몇 개의 구절들을 나열해 보겠다.

선택에 관한 성경 구절

- "아버지께서 내게 주시는 자는 다 내게로 올 것이요 내게 오는 자는 내가 결코 내쫓지 아니하리라 내가 하늘에서 내려온 것은 내 뜻을 행하려 함이 아니요 나를 보내신 이의 뜻을 행하려 함이니라 나를 보내신 이의 뜻은 내게 주신 자 중에 내가 하나도 잃어버리지 아니하고 마지막 날에 다시

살리는 이것이니라 … 나를 보내신 아버지께서 이끌지 아니하시면 아무도 내게 올 수 없으니 오는 그를 내가 마지막 날에 다시 살리리라"(요 6:37-39, 44)

- "아버지께서 아들에게 주신 모든 사람에게 영생을 주게 하시려고 만민을 다스리는 권세를 아들에게 주셨음이로소이다"(요 17:2)

- "그 자식들이 아직 나지도 아니하고 무슨 선이나 악을 행하지 아니한 때에 택하심을 따라 되는 하나님의 뜻이 행위로 말미암지 않고 오직 부르시는 이로 말미암아 서게 하려 하사 리브가에게 이르시되 큰 자가 어린 자를 섬기리라 하셨나니 기록된 바 내가 야곱은 사랑하고 에서는 미워하였다 하심과 같으니라 그런즉 우리가 무슨 말을 하리요 하나님께 불의가 있느냐 그럴 수 없느니라 모세에게 이르시되 내가 긍휼히 여길 자를 긍휼히 여기고 불쌍히 여길 자를 불쌍히 여기리라 하셨으니 그런즉 원하는 자로 말미암음도 아니요 달음박질하는 자로 말미암음도 아니요 오직 긍휼히 여기시는 하나님으로 말미암음이니라"(롬 9:11-16)

- "하나님이 우리를 구원하사 거룩하신 소명으로 부르심은 우리의 행위대로 하심이 아니요 오직 자기의 뜻과 영원 전부터 그리스도 예수 안에서 우리에게 주신 은혜대로 하심이라"(딤후 1:9)

- "죽임을 당한 어린 양의 생명책에 창세 이후로 이름이 기록되지 못하고 이 땅에 사는 자들은 다 그 짐승에게 경배하리라"(계 13:8)[12]

예정에 관한 성경 구절

- "이방인들이 듣고 기뻐하여 하나님의 말씀을 찬송하며 영생을 주시기로 작정된 자는 다 믿더라"(행 13:48)
- "하나님이 미리 아신 자들을 또한 그 아들의 형상을 본받게 하기 위하여 미리 정하셨으니 이는 그로 많은 형제 중에서 맏아들이 되게 하려 하심이니라 또 미리 정하신 그들을 또한 부르시고 부르신 그들을 또한 의롭다 하시고 의롭다 하신 그들을 또한 영화롭게 하셨느니라"(롬 8:29-30)
- "곧 창세 전에 그리스도 안에서 우리를 택하사 우리로 사랑 안에서 그 앞에 거룩하고 흠이 없게 하시려고 그 기쁘신 뜻대로 우리를 예정하사 예수 그리스도로 말미암아 자기의 아들들이 되게 하셨으니"(엡 1:4-5)
- "모든 일을 그의 뜻의 결정대로 일하시는 이의 계획을 따라 우리가 예정을 입어 그 안에서 기업이 되었으니"(엡 1:11)

여러 세기를 거쳐서 예수님을 따르는 수많은 사람들이 하나님의 선택과 개인의 자유(제12장 참조)에 대해 논쟁을 벌여 왔다. 선택에 대한 이해가 다른 면이 있지만, 모든 복음주의자는 하나님께서 구원의 과정에서 주도권을 가지신다는 것을 인정한다. 복음주의자들 가운데 두 가지 공통된 전통이 있는데, 하나는 웨슬리안/알미니안주의적 관점이고, 다른 하나는 개혁주의/칼빈주의적 관점이다. 웨슬리안/알미니안주의적 관점은 하나님이 이 세상의 모든 사람에 대해 주도권을 가지시지만, 믿는 자가 하나님을 선택해야 한다고 주장한다. 개혁주의/칼빈주의적 관점은 하나님이 선택의 주도권을 가지시고, 믿는 자도 하나님이 택하신다고 주장한다. 웨슬리안/알미니안주의자들은 하나님께서 사람들이 복음에 어떻게 반응할지를 영원 전에 시간의 흐름을 통해서 미리 보시고 구원받을 사람들을 선택하신다고 본다. 한편 개혁주의/칼빈주의적 관점은 영원 전에 하나님께서 특별한 사람들을 택하셔서 구원하시는데, 그들이 어떻게 반응할 것인가와 상관없이 자신의 주권으로 선택하시기에 구원받을 자는 오직 그분만이 아신다고 본다.

두 관점에 따르면 하늘에서 택함 받은 모든 자들의 수는 하나님만 아신다. 웨슬리안/알미니안이든 혹은 개혁주의/칼빈주의자들의 전통이든 어떤 것이 옳다 해도 마지막 때 하늘의 모든 믿는 자들의 수는 택함 받은 자들의 수가 될 것이다.[13] 두 가지의 전통을 따른다면 주님은 그 숫자를 교회에 계시하도록 정하지 않으셨다. 단지 하나님은 교회들에게 모든 사람에게 전파하라고 명령하셨고, 영생을 주시기로 작정된 자들은 모두 믿게 된다고 하셨을 따름이다(행 13:48).

두 전통 모두 이 교리에 대해 잘 설명하고 있고 그 교리를 지지하는 자들에게 훌륭한 성경적 뒷받침을 제공해 주고 있지만, 내가 보기에는 성경적 확증의 추는 개혁주의/칼빈주의적 전통에 더 가깝게 있는 것 같다. 이 부분에서 전에 제시된 성경 구절에 나타나는 하나님의 주권에 대한 성경적 확증과 인간의 죄에 대한 본성적인 측면이 이런 결론에 도달하게 해 준다. 나는 영적인 여정을 지나면서 웨슬리안/알미니안 전통(개혁적/칼빈주의 전통과 상반되는)을 강력히 옹호했던 적이 있었지만, 성경을 공부하기 시작하고 두 전통에서 나오는 논쟁을 연구해 보면서 하나님의 선택과 구원의 사역에 있어서 개혁주의/칼빈주의적 전통에 더 확신을 갖게 되었다.

주의해야 할 문제

어떤 이들은 하나님의 주권이라는 개념과 예수님을 따르기를 선택하는 개인의 자유 사이에서 갈등을 갖는다. 이 두 가지 개념이 상반되어 보이기 때문인데, 수 세기 동안 교회는 이 문제에 대해 논쟁해 왔다. 그러나 두 전통은 서로 잘 어울리지는 않지만 실제로 모순되지는 않는다(그럴 필요도 없다). 내가 웨슬리안/알미니안과 개혁주의/칼빈주의 두 전통 안에서는 한계를 발견하겠지만, 성경의 신비에는 한계가 없다. 하나님은 어느 편도 아니시며, 이 문제는 신비에 속할 뿐이다.

하나님은 신비이다

하나님이 신비이시라면, 우리도 기꺼이 신비로운 삶을 살아야 할 것이다. 나는 하나님이 어떻게 이 우주를 창조하셨는지, 눈먼 자를 고치셨는지, 오천 명을 먹이셨는지, 십자가 위에서 대속의 죽음을 죽으셨는지, 죽음에서 부활하셨는지 설명할 수 없다. 그러나 그러한 사실들을 믿음으로 받아들이고 믿음으로 살아간다. 성경은 하나님께서 모든 것을 주관하신다고 말한다. 이것은 그분의 창조와 구원까지도 포함한다. 성경은 또한 우리가 회개하고 구원을 받기 위해 예수님을 믿어야 한다고 말한다. 모든 사람이 회개하고 믿어야 한다. 한편으로는 하나님께서 구원받을 어떤 사람들을 선택하신다고 말씀하고 있으며, 다른 한편으로는 하나님께서 모든 사람을 부르셔서 회개하고 구원받으라고 말씀하고 있다. 회개하지 않는 자는 자신의 죄와 그것을 회개하지 않음으로 영원히 지옥에서 살게 된다. 하나님은 완전히 정의로우시고 선하신 분이시다.

그러므로 성경이 분명하게 설명하지 않은 어떤 문제에 대해 나는 나 자신의 유한함을 인정하고 주님을 신뢰해야 한다. 그리고 모든 사람에게 회개하고 예수님을 믿는 믿음을 가지라고 선포하면서도, 선택하시고 예정하시는 교리를 붙들어야 한다. 마치 비행기가 두 날개로 나는 것과 같이 성경은 하나님의 선택과 인간의 선택이 구원에 있어 연결되어 있다고 설명한다. 하나님께만 속하는 비밀한 것이 존재함을 기억하자(신 29:29). 우리로부터 어떤 것들을 가리우게 만드는 하나님의 섭리가 있다(잠 25:2). 바울은 이 어려운 주제에 대해 이렇게 쓰고 있다. "깊도다 하나님의 지혜와 지식의 풍성함이여, 그의 판단은 헤아리지 못할 것이며 그의 길은 찾지 못할 것이로다"(롬 11:33).

예수님은 자기에게 오는 자는 누구든지 구원하신다

예수님은 분명하게 말씀하셨다. "내 아버지께서 모든 것을 내게 주셨으니 아버지 외에는 아들을 아는 자가 없고 아들과 또 아들의 소원대로 계시를 받는 자 외에는 아버지를 아는 자가 없느니라"(마 11:27). 이 말씀처럼 예수님은 모든 사람을 초청하신다. "수고하고 무거운 짐 진 자들아 다 내게로 오라 내가 너희를 쉬게 하리라"(28절). 예수님은 그분께 와서 회개하고 믿는 자들을 결코 내어 쫓지 않으신다.

본 장을 읽고 있는 어떤 사람이 하나님의 선택을 경기장에서 선수를 택하는 것으로 생각하지는 않을까 염려스럽다. 어떤 아이들은 팀의 선수로 뽑히기를 원하지만 다른 아이는 원하지 않을 수 있다. 별로 좋지 않은 팀의 주장이 아이들 중 한 사람을 선발할 때, "아, 안 돼!"라고 하는 것 같은 느낌을 가질 수도 있다. 선수를 선발할 때 실제 있는 일이다. 자기 의사와 다르다고 발로 차면서 "안 들어가고 싶어!"라고 소리치며 천국에 들어가는 사람은 없다. 어느 누구도 발로 차면서 "하나님, 왜 당신은 나를 당신 팀에 뽑아 주지 않았어요? 저는 당신 팀에 들어가고 싶어요. 그런데 왜 당신은 나를 거절했죠? 왜 나는 선택되지 못했나요?"라고 소리 지르며 지옥으로 들어가는 사람은 없을 것이다.

선택의 교리는 우리에게 격려가 되고 동기 부여가 된다

하나님이 택한 자들을 구원하실 것을 아는 것은 우리가 전도하도록 격려하고 동기를 부여한다. 하나님의 계획은 사람들을 하나님 나라로 인도하는 데에 있어서 실패하지 않으며, 우리는 성공적인 그 과정의 일부가 될 수 있다. 어떤 신약 성경학자들은 고린도에 있는 바울에게 주신 하나님의 말씀이 하나님께서 택한 자들을 찾는 일을 잘 하라고 격려하며 동기를 부여하시는 것이라 본다(행 18:9-10). 바울은 또한 디모데에게 고난과 박해가 있다 할지라도 이들을 찾으라고 편지를 썼다. "그러므로 내가 택함 받은 자들을 위하여 모든 것을 참음은 그들도 그리스도 예수 안에 있는 구원을 영원한 영광과 함께 받게 하려 함이라"(딤후 2:10).

선택의 교리는 자유케 한다

하나님만이 구원의 주시요, 주관하시는 분임을 알기 때문에 우리는 안심할 수 있다. 영혼 구원은 우리에게 달린 것이 아니라는 것을 알면 우리는 평안할 수 있다. 우리는 누구도 구원할 수 없다. 우리는 전도하는 사람을 일컬어 영혼을 얻는 자(soul winner)라는 용어를 사용할 수도 있지만, 성경은 우리가 아니라 성령님만이 영혼을 얻는 유일한 분이라고 말씀한다. 우리는 복음을 전하고, 기도하고, 사람들에게 권고하는 것만 책임지면 된다(롬 10:1, 14-17, 고후 5:18-20). 우리가 성실히 복음을 전하면 우리는 하나님께서 자신의 역할을 신실하게 하신다는 것을 믿고 안심할 수 있을 것이다. 우리가 전도할 때 때로는 변증학을 사용하거나 우리가 가진 소망의 이유를 잘 설명할 수 있어야 하겠지만(벧전 3:15), 구원은 하나님 나라를 잘 설명하는 능력에 달린 것이 아니라는 것을 안다면 복음 전도의 부담감에서 벗어날 수 있을 것이다. 효과적인 증거란, 우리가 복음을 신실하게 전하고 그 결과를 하나님께 맡기는 것이다.

선택의 교리는 복음을 전하지 않는 것에 변명의 여지를 두지 않는다

우리는 복음을 선포하라는 명령을 받았다. 변명의 여지는 없다. 어떤 이들은 택한 자들 모두가 언젠가 구원을 받게 된다면 우리가 전도를 많이 하든 적게 하든 상관없다고 생각할 수 있다. 이러한 태도는 여러 면에서 잘못되었다. 첫째, 이런 태도는 사람들이 속히 복음을 들어야 한다는 사실과 어긋난다. 둘째, 성경은 우리가 누가 택한 자인지 택함을 받지 못한 자인지 알아내라고 말씀하지 않았다. 우리는 누구에게나, 어디에서나, 언제나 복음을 전하는 자로 부름을 받은 것이다. 셋째, 우리는 택함을 받은 자가 언제 믿음을 얻게 되는지 알지 못한다.

하나님은 모든 사람들이 구원받기를 원하신다

비록 어떤 이들은 거룩하시며 사랑이신 하나님을 거역하였기에 구원받지 못하지만, 주님은 인간을 구원하기 원하시고 그들이 악한 자들의 고난 속에 있는 것을 기뻐하지 않으신다(겔 18:23, 32; 33:11). 하나님은 의로운 재판관이시기에 회개하지 않은 자들을 심판해야 하시지만, 동시에 그분은 사랑하는 피조물에게 주어지는 형벌을 안타까워하신다. 바울은 이렇게 기록했다. "하나님은 모든 사람이 구원을 받으며 진리를 아는 데에 이르기를 원하시느니라"(딤전 2:4). 그리고 베드로가 우리에게 상기시켜 주는 바는 주님께서는 오래 참으시고 심판의 때를 연기하신다는 점이다. "아무도 멸망하지 아니하고 다 회개하기에 이르기를 원하시느니라"(벧후 3:9). 하나님의 열망이 우리의 열망이 되어야 한다.

🧠 고려해야 할 질문들

- 당신은 하나님이 개인을 선택하여 구원하시는 것이 대부분의 사람들이 구원받는 방식이라는 것을 믿는가?
- 선택의 교리는 당신이 이해하기 힘든 교리인가? 그렇다면, 왜 그런가?
- 선택의 교리를 아는 것이 당신이 전도하는 것에 동기 부여를 하나? 그렇다면 어떻게 동기 부여가 되나? 그렇지 않다면, 이유가 무엇인가?

- 당신은 선택의 교리에 있어서 웨슬리안/알미니안주의를 지지하는가? 개혁주의/칼빈주의를 지지하는가? 왜 그런가? 당신이 당신의 관점을 지지하기 위해서 어떤 성경 구절을 제시할 수 있나?

제11장
사랑의 하나님이 사람을 지옥으로 보내시는가?

"이 주제는 당연한 질문으로 이어지네요." 마크가 대답했다.

"그래요, 맞아요. 계속해 보세요." 로베르토가 대답했다.

"예정과 선택의 문제는 사랑의 하나님이 사람들을 지옥으로 보내신다는 질문과 어떻게 연결돼 있나요?" 마크가 질문했다. "최근에 이 질문을 받은 적이 있어요. 지난 주 테드 삼촌 집에서 점심을 먹을 때였어요. 거실에서 게임을 보면서 음식을 먹고 있었거든요."

"아! 그 게임은 너무 재미없어요." 로베르토가 말했다.

"테드 삼촌은 올해 핼러윈에 교회에 특별한 프로그램이 있었냐고 물으시더라고요. 우리 교회는 지역 사회의 봉사 활동과 추수감사절에 음식을 나누어 주는 일을 했다고 말씀드렸죠."

"그렇군요…."

"삼촌은 교회가 지역 사회를 위해 봉사하고 도움이 필요한 자들에게 도움을 주는 것은 바람직한 일이라고 하셨어요. 그런데 난데없이 사람들을 지옥으로 보내시는 하나님을 섬길 수는 없다는 거예요."

"당신은 뭐라고 대답했나요?" 로베르토가 물었다.

"저는 '어, 왜 그런 생각을 하셨어요?' 이런 반응을 보였죠. 제가 삼촌께 무슨 뜻인지를 여쭈었어요. 삼촌은 '글쎄, 정말 사랑의 하나님이시라면 사람들을 영원히 불타는 지옥에 빠뜨리실까?'라고 대답하셨죠. 저는 그 질문에 정직하게 대답하고 싶었어요. 그러나 제 대답이 충분하지 못할 것 같았어요. 이왕 말이 나왔으니 이 주제에 대해서 대화해 봐요."

ⓠ KEY POINT
지옥은 실재하는 곳이다.

마크의 삼촌도 보통 사람들이 자주 묻는 질문을 했다: 사랑의 하나님이 어떻게 사람들을 지옥에 보낼 수 있는가? 하나님은 사람들이 고통받는 것을 즐기시나? 하나님은 거짓말쟁이가 아니신가, 사랑의 하나님이라고 하시지 않았던가? 이 질문과 관련된 성경 본문을 찾아보자.

지옥은 실재하는 곳이다

어떤 학자들은 지옥이 있는지 논쟁하기도 하지만, 성경은 지옥이 실재한다고 분명히 말한다. 예수님과 사도들도 지옥에 대해 여러 번 언급했다. 성경은 지옥을 이렇게 가르친다.

- 음부에서 고통 받는 곳 (눅 16:23)

- 세세토록 괴로움을 받는 곳 (계 20:10)
- 꺼지지 않는 불이 있는 곳 (막 9:43)
- 영원히 피해야 할 곳 (마 18:8)
- 마귀와 그 사자들을 위해 예비된 곳 (마 25:41)
- 어떤 사람들이 가야할 곳 (마 25:41)
- 하나님을 모르고 순종하지 않는 자들이 영원한 형벌을 받는 곳 (살후 1:8-9)
- 생명책에 이름이 기록되지 못한 자들을 위한 곳 (계 20:15)
- 주님과 함께 영생에 들어가는 자가 가는 곳과 대조된 곳 (마 25:46)

우리 모두는 지옥으로 향하는 죄인들이다

성경은 하나님의 은혜를 떠난 인간의 본성에 대해 뭐라고 가르치는가? 간단히 말해, 아담과 이브 이래로 태어난 당신과 나, 그리고 모든 사람들은 지옥의 길로 가고 있으며, 레이더 화면으로는 예수님을 감지할 수 없는 존재들이다. 어느 누구도 하늘나라로 가는 티켓 구입 방법을 알지 못한다. 바울은 이렇게 기록했다. "의인은 없나니 하나도 없으며 깨닫는 자도 없고 하나님을 찾는 자도 없고 선을 행하는 자는 없나니 하나도 없도다 … 모든 사람이 죄를 범하였으매 하나님의 영광에 이르지 못하더니"(롬 3:10-12, 23). 이것은 무엇을 말하는가? 이 말씀은 인간이 죄의 본성으로는 하나님의 완전한 기준대로 살 수 없고 우리 모두가 하나님에게서 분리되었다고 말하고 있다. 우리 안에는 하나님의 용서를 받을 만한 선한 것이 존재하지 않으며, 사랑이신 하나님께 대항해 지옥으로 향하는 자들이기에 거룩하신 하나님이 우리를 심판하시는 것이 마땅하다는 말이다.

하나님은 사랑이며 거룩하신 분이시다

하나님은 무한한 사랑을 가지신 분이다. 그분은 사랑이시기 때문이다(요일 4:16). 하나님이 세상을 이처럼 사랑하셔서 독생자를 주셨고 세상의 죄를 위한 희생제물이 되셨다(요 3:16). 성경 전체에 하나님의 사랑이 기록되어 있으며, 그는 온전한 사랑의 하나님이시면서 온전히 거룩하신 하나님이시다(레 19:2, 사 6:3, 계 4:8). 그분은 완전하시며, 죄가 없으신 분이고, 전적으로 정결하신 분이시다. 그분은 지극히 거룩한 분이기에 모세는 영광스러운 하나님의 얼굴을 대면하여 볼 수 없었다. 마치 사람이 태양에 가까이 갈 수 없는 것과 같이 하나님을 대면하여 보게 되면 곧 소멸하기 때문이다(출 33:17-23).[14]

하나님은 공의로운 심판자이시다

하나님은 또한 무한히 공의로우시다. 그분은 아무 편견 없이 심판하신다(시 9:4). 무한히 거룩하시고 공의로우신 하나님은 모든 죄에 대해 영원한 대가를 요구하신다. 하나님은 우리의 선행이 악행보다 더 많은지 계산하여 천국에 갈 만한지 평가하지 않으신다. 우리가 행하는 모든 선행은 하나님 보시기에 누더기에 지나지 않는다(사 64:6). 죄에는 심판이 따르며 우리 모두는 죄인으로 확정되었다(롬 3:23).

거룩하시며 편견 없이 심판하시는 하나님은 자신의 기준에 따라 사람들이 저지른 죄에 대해 심판하시고 그들을 죄인이라고 선언하신다. 말하자면 하나님께서는 한계를 정하셨고, 사람들은 하나님의 명령에 불순종함으로 그 선을 넘어가 버렸다. 하나님은 타협하는 심판자가 아니시다. 우리가 하나님의 법을 어겼기에 이를 해결할 다른 길이 없다고 성경은 말한다. 우리는 우리 상태가 온전하지 못하다고 주장하며 항변할 수도 있다. "저는 인간에 불과합니다. 신이 아닙니다!" "저는 완전하지 않습니다." 그러나 불순종은 이미 유죄로 선고되었고, 영원한 죽음이라는 형이 확정되었다. 영원한 사랑이시고 거룩하신 하나님께서 자신의 사랑, 거룩함, 공의와 상반되게 인간의 죄를 단 하나라도 묵과하신다면 그것은 하나님께서 스스로 하나님 되심을 포기하시는 일이 될 것이다.

하나님은 은혜로우시다

하나님은 또한 무한히 은혜로우시다. 하나님은 자신이 개입하지 않으면 인생에 아무런 희망이 없다는 것을 알고 계신다. 하나님은 그분 자신과, 자신의 완전한 기준에 따라 인간의 무한한 반역에 영원한 형벌을 내리시는 분이기에 우리는 그 죄 값을 치러야 했으나 예수님께서 대신하여 그 죄를 담당하셨다. 예수님은 우리의 형벌을 대신 받으시고 우리를 하나님과 화목하게 하셨다(사 53:5). 예수님이 우리를 하나님의 진노로부터 구원하셨다. 예수님이 우리의 악함을 담당하심으로 우리가 하나님 앞에서 의롭게 되었다(고후 5:21). "하나님이 세상을 이처럼 사랑하사 독생자를 주셨으니 이는 그를 믿는 자마다 멸망하지 않고 영생을 얻게 하려 하심이라"(요 3:16). 예수님을 믿고 의지하는 자는 사망에 이르지 않고 용서함을 얻었고, 예수님을 믿고 순종치 아니하는 자는 이미 심판을 받았으며, 하나님의 진노가 그 위에 머물러 있게 된다(요 3:35-36).

성경을 통해서 우리는 사랑이신 하나님이 사악한 폭군처럼 사람을 지옥에 보내지 않으신다는 것을 알 수 있다. 사람이 지옥으로 가는 이유는 하나님이 마련하신 구원의 길인 예수님을 받아들이지 않고 인간 자신이 지옥에 가는 길 위에 죽을 때까지 서 있기 때문이다. 하나님을 거역한 이들이 영원히 거룩하시고, 사랑이시고, 공의로우시고, 은혜로우신 예수님이 자신들의 죄를 위해 대가를 지불하셨다는 사실을 믿지 않기 때문이다. 그들의 행위가 악하므로 빛보다 어둠을 더 사랑하기 때문이다(요 3:19-20).

왜 사람들은 지옥으로 향하는 길로 가고자 하는 것일까? 자기 세상에서 스스로 하나님이 되려고 하기 때문이다. 이것이 바로 우상숭배이다. 하나님의 선하심보다 자신의 악을 더 사랑하는 것이다.

우리를 사랑하시는 하나님께 자신을 맡기지 않고, 하나님의 선물인 용서를 거부하고, 자신의 욕망을 추구함으로 거룩하신 우주의 창조주께 저지른 죄에 대한 형벌을 받을 수밖에 없는 것이다.

이 장 앞부분에서 하나님은 악한 자들이 고통받는 것을 기뻐하지 않으시고 모든 사람들이 회개하여 죄를 용서받기 원하신다고 하였다. 그러나 많은 사람들이 하나님을 따르는 길과 생명으로 나오기를 거부한다. 그 결과 하나님과 분리되어 영원히 지옥에 빠질 수밖에 없다.

🍂 고려해야 할 질문들

- 하나님은 사랑이시고, 영원히 거룩하시며, 영원히 공의로우시다는 것을 이해하는 것이 죄와 인간에 대한 하나님의 시각을 이해하는 데 어떤 영향을 줄까?
- 누군가 당신에게 "사랑의 하나님이 사람들을 어떻게 지옥에 보내실 수 있는가?"라고 질문한다면 무엇이라 대답하겠는가?

제12장
구원에 있어 자유 의지의 역할은 무엇인가?

마크는 커피 잔에 다시 커피를 채우고 자리에 앉았다. "좋아요. 사람들이 죄에서 돌이켜 회개하지 않고 예수님을 믿으려고 하지 않기 때문에 영원히 하나님과 분리되어 살 수 밖에 없다는 것에 동의해요. 하지만 선택의 문제로 다시 돌아가 보면, 그게 어떻게 공평하다고 할 수 있나요?"

"무엇이 공평하지 않다는 건가요?" 로베르토가 질문했지만, 그는 마크가 무슨 생각을 하고 있는지 이미 알고 있었다.

"어떤 사람들만 택함을 받고, 어떤 사람들은 택함을 받지 못한다는 것이 어떻게 공평할 수 있나요? 당신이 택함을 받지 못했고 지옥에 가게 되어도 괜찮다는 건가요?"

"마크, 참 좋은 질문이에요. 아주 오랫동안 제기되어 온 질문이죠. 지금까지 토론한 내용에서 우리가 분명하게 아는 사실은 이거예요. 하나님은 사랑이시고, 거룩하시고, 공의로운 분이시라는 거요. 물론 하나님은 자신이 지으신 사람들을 사랑하시지만, 모든 사람은 죄인이죠. 영원하신 하나님에 대한 영원한 거역이 죄이고, 그에 따른 결과가 있는 것이죠. 예수님은 우리 죄에 대한 희생 제물이 되셨어요. 우리 죄를 위해 대신 값을 지불하셨고, 우리에게 영원한 용서를 허락해 주셨어요.

좀 전에 토의한 대로, 선택과 인간의 자유는 신비로운 것이죠. 하나님만 아세요. 성경 구절을 보기 전에 잠시 생각해 봅시다. 미국 사람들은 모든 사람이 평등하게 태어나고, 평등한 권리를 갖고, 행복을 추구할 권리가 있다고 생각하고 있어요. 사람들은 하나님과 구원에 관해서도 같은 원리를 적용하려고 해요. 하지만 구원에 있어 하나님의 친구가 되기 위해 협상할 수 있는 권리가 우리에게는 없어요. 인간이 받아들이기 힘들지만 우리 모두는 지옥에 갈 수밖에 없다는 것이 진리예요. 구원받을 사람들을 정하는 것은 하나님의 주권적인 은혜에서 나오는 것이죠. 하나님은 사람이 자기가 선택한 길로 가는 것을 허락하기도 하시지만, 어떤 이들을 구원하기로 택하신다면(하나님의 택하심에 따라) 이것을 불공평하다고 속단하는 것이 과연 옳은 일일까요? 이해되나요?"

마크는 고개를 끄덕였다.

"어떤 것이 공평할까요? 아무도 하나님의 용서나 혹은 사랑을 받을 자격이 없다면, 하나님이 모든 사람을 지옥으로 보내는 것이 공평이 아닐까요? 그렇지 않나요?" 마크는 다시 고개를 끄덕였다.

"그렇다면 만일 하나님이 어떤 이들에게는[15] 은혜를 베푸시기로 결정하시고, 다른 사람들에게는 완벽한 공의를 행사하신다면 그것을 공의라고 할 수 있을까요? 거절당한 모든 사람들이 하나님을 떠나 자신의 길을 가도록 허용하시고, 사람들이 그분의 용서를 받지 못하는 게 공의로운 일일까요?"

"듣고 있어요. 그건 공의가 아닌 것 같은데요," 마크가 말했다.

"당신이 무슨 말을 하는지 알아요. 그러나 아무 죄가 없으신 예수님께서 사람의 죄를 대신하여 형벌을 받으시는 것이 공의일까요? 예수님이 기꺼이 형벌의 자리에 가셨기 때문에 우리가 하나님의 심판대 앞에서 죄 없다함을 받을 수 있게 되었죠. 예수님이 우리 죄를 담당하셨고 우리에게 자기 의로움을 주셨어요. 이것도 공의로운 것일까요?" 로베르토의 눈에 눈물이 맺혔다. "우리가 하나님이 하시는 일을 완전히 이해하지는 못해도, 하나님의 계획은 사람들이 하나님 나라로 돌아오고 그분의 이름 앞에 모든 영광을 돌리는 것이 최선이라는 것은 기억해야 해요."

마크는 아무 말도 하지 않았다.

"다 이해할 수는 없어요." 로베르토는 계속해서 말했다. "그러나 성경 안에는 선택이나 예정과 관련된 구절들이 많이 있고, 그 수많은 구절들은 모든 사람들이 회개하고 예수님을 믿으라고 말하고 있어요. 자유 의지와 구원에 대한 성경 구절들도 읽어봅시다.

마크와 로베르토의 경우도 대부분의 사람들과 같이 처음에는 불협화음을 일으킨 것 같다. 그러나 성경을 보기 시작하면서 그 화음의 반향은 예수님을 따르는 자들의 귀에 아름답게 들리게 된다. 다시 말해, 그러한 신비(다른 신비적인 요소와 같이)에 대해서 다 설명할 수는 없지만 이 신비를 믿음으로 전도 사역을 더 증진시키고 납득하게 되는 것이다. 자! 시작해 보자. 자유 의지와 구원의 관계는 어떻게 될까? 우리가 다른 이들에게 복음을 전할 때, 하나님이 특별한 사람을 택하셔서 구원하신다는 성경의 가르침에 비추어 본다면 그들은 자신들의 자유 의지로 반응한다고 말할 수 있을까?

  선택과 자유 의지 사이에 일어나는 논쟁들이 수세기 동안 계속되어 왔다는 것을 이해할 필요가 있다(지면의 한계로 자유 의지에 관한 주제를 폭넓게 서술하는 데 제한이 있다).

> **KEY POINT**
> 회개하고 예수님을 믿는 자는 누구나 구원을 받는다.

성경은 모든 사람들이 회개하고 구원을 위해서 예수님을 믿으라고 말하는 동시에 하나님께서 사람들을 구원하시는 데 주권을 가진다는 사실에 의문을 제기하지 않는다. 한 저명한 목사님은, 하나님의 선택과 우리의 자유 의지는 가까이에서 보면 양쪽으로 분리되어 있지만 지평선에서 멀리 철로를 바라보면 어느 지점에서는 하나로 연결되어 있는 기차 철로와 같다고 말한 적이 있다. 이 세상에서 우리의 자유와 하나님의 주권이 이론적으로는 모순되는 것 같이 보이지만 영원이라는 시평에서 보면 하나로 연결되어 있는 것이다.

패커는 이 문제를 이율배반, 즉 두 개의 결론을 가진 모순성에 비유했다. 패커에 의하면, "두 가지 접근을 모두 믿을 만한 이유가 있는데, 각각에는 분명하고 견고한 증거가 있다. 그것들이 서로 조화를 이루어가는 과정은 신비롭기까지 하다. 위에서 설명한 주장들은 각각의 입장에서는 진리로 여겨지지만 어떻게 하나의 진리가 되는지는 알 수 없을지도 모른다."[16] 그는 이렇게 결론을 내렸다. "그러므로 둘 다 같은 하나님의 권위에 의해 우리에게 보장되기에 확실한 진리이다. 이 둘이 하나로 모아져야 하지만 서로의 입장을 거스르지는 말아야 한다. 인간은 책임감 있는 도덕적 대리인이다. 또한 하나님에 의해 통제되면서도 도덕적 책임을 가진 존재이다. 하나님이 주권을 가진 분이라는 것은 사실이다. 그리고 인간에게 책임이 있다는 것 역시 사실이다."[17]

제10장에서 선택과 예정에 관한 성경 구절을 읽었던 것처럼, 회개하고 돌아오라 하시는 인간을 향한 하나님의 열망과 이 초청의 보편적 성격을 나타내는 성경 구절들을 살펴보자.[18]

- "너는 그들에게 말하라 주 여호와의 말씀이니라 나의 삶을 두고 맹세하노니 나는 악인이 죽는 것을 기뻐하지 아니하고 악인이 그의 길에서 돌이켜 떠나 사는 것을 기뻐하노라 이스라엘 족속아 돌이키고 돌이키라 너희 악한 길에서 떠

나라 어찌 죽고자 하느냐 하셨다 하라" (겔 33:11)

- "그에 대하여 모든 선지자도 증언하되 그를 믿는 사람들이 다 그의 이름을 힘입어 죄 사함을 받는다 하였느니라" (행 10:43)

- "누구든지 주의 이름을 부르는 자는 구원을 받으리라"(롬 10:13)

- "주의 약속은 어떤 이들이 더디다고 생각하는 것 같이 더딘 것이 아니라 오직 주께서는 너희를 대하여 오래 참으사 아무도 멸망하지 아니하고 다 회개하기에 이르기를 원하시느니라" (벧후 3:9)

의지 타락의 정도

자유 의지에 관한 두 가지 복음주의적 설명은 웨슬리안/알미니안주의와 개혁주의/칼빈주의 모두에게서 나타난다. 이 두 진영 모두 죄의 본성과 죄악의 경향을 아담에게서 이어받았다는 사실에 동의한다. 죄의 영향에 대해 바울은 다음과 같이 기록했다:

"유대인이나 헬라인이나 다 죄 아래에 있다고 우리가 이미 선언하였느니라 기록된 바 의인은 없나니 하나도 없으며 깨닫는 자도 없고
하나님을 찾는 자도 없고 다 치우쳐 함께 무익하게 되고

선을 행하는 자는 없나니 하나도 없도다
그들의 목구멍은 열린 무덤이요 그 혀로는 속임을 일삼으며
그 입술에는 독사의 독이 있고
그 입에는 저주와 악독이 가득하고
그 발은 피 흘리는데 빠른지라
파멸과 고생이 그 길에 있어 평강의 길을 알지 못하였고
그들의 눈앞에 하나님을 두려워함이 없느니라" (롬 3:9-18)

각각의 전통이 바울의 말에 동의하지만 타락이 의지에 주는 영향의 정도나 사람이 어떻게 회개하고 예수님에 대한 믿음을 갖게 되는지에 대해서는 의견을 달리한다.

웨슬리안/알미니안 전통에 따르면 모든 사람은 죄인이지만 예수님을 따르거나 거부하기를 선택할 자유를 가지고 있다. 이 전통은 일반적으로 타락의 영향이 그다지 광범위하지 않기 때문에 개인의 의지가 완전히 소멸된 것은 아니라고 말한다. 우리는 하나님에게서 분리되어 있지만 하나님께서 우리에게 다가오실 때 우리가 하나님께 나아갈 수 없을 정도로 멀리 떨어져 있는 것은 아니라는 입장이다. 십자가 위에서 예수님께서 죽으심으로 하나님의 은혜는 모든 사람이 복음에 긍정적으로 응답할 수 있게 되었다. 구원에서 하나님이 주도권을 쥐시며 구원의 은혜가 모든 사람에게 주어지는데, 궁극적으로 우리 각자가 구원을 선택하거나 하나님의 은혜를 거부

할 수 있는 것이다. 즉 우리는 하나님의 은혜로 말미암아 구원을 선택하며, 그 결과 회개하고 믿음을 갖게 된다. 우리가 하나님의 복음을 받아들이기로 할 때 하나님은 우리를 구원하실 수 있다.

개혁주의/칼빈주의 전통은 모든 사람이 완전히 부패하여 하나님에게서 분리되었고 그 의지도 속박되었다고 본다. 인간에게 미친 타락의 결과는 너무나 광범위해서 우리 자신에게 남겨진 선택의 의지로는 하나님의 복음을 거부하게 될 것이라고 말한다. 타락한 인간이 자신들이 원하는 대로 선택하면 결국 하나님의 제안을 거절할 것이다. 인간의 의지는 죄의 노예로 전락하였다(요 8:31-38).

그러나 선택에 있어서 하나님의 은혜는 죄의 고리를 끊고 자유 의지를 마련해 주었다. 성령에 의해 다시 살아나게 될 때에야 하나님께서 죄의 사슬을 끊으시고 의지를 자유롭게 하시기에 사람들은 죄를 회개하고 예수님을 믿게 된다. 하나님의 사랑과 복음은 위대하므로 사람들이 예수님을 따르도록 이끌고, 그들의 마음을 하나님께로 향하게 하며, 자신의 의지마저도 복종시킨다. 예수님을 따르고자 하는 자들만이 하나님의 구원을 경험할 수 있다. 하나님이 어떤 사람들을 구원하시기로 결정하실 때, 그 외의 모든 것도 그분께서 주관하시는 것과 같이 그분의 계획은 결코 사람에 의해 바뀌지 않는다. 하나님의 뜻이 하늘에서 이루어진 것 같이 땅에서도 이루어진다. 기적처럼 하나님은 죽은 자를 살리시고, 눈먼 자를 보게 하시고, 원하지 않는 자를 원하는 자가 되게 하신다. 전능하신 하나님의 주권으로 그분의 행사는 열매를 맺는다.

기억해야 할 문제들

선택의 교리에서와 같이 인간의 자유와 구원에 관련된 어떤 사실들은 우리의 전도 사역에 반영되어야 한다는 것을 기억해야 한다.

구원을 얻기 위해 우리가 할 수 있는 것은 아무 것도 없다

우리는 그 은혜를 인하여 믿음으로 구원을 받으며, 은혜와 믿음은 하나님의 선물이다(엡 2:8-9). 우리가 행하는 어떤 것도 우리에게 구원을 주지 못한다. 전에 기술한 것과 같이, 거룩한 하나님 앞에서 우리가 행한 어떤 선한 행위도 하나님의 의에 비하면 누더기와 같을 뿐이다(사 64:6).

하나님은 모든 사람이 회개하고 복음을 믿기를 원하신다

예수님께 오라는 명령은 모든 사람, 즉 청년이나 노인, 남자나 여자, 현명한 사람이나 어리석은 사람, 부자나 가난한 사람 할 것 없이 모두에게 해당된다. 구원을 위해 예수님만을 믿는다는 선언은 나라, 종족, 사회 계층, 혹은 정치적 견해를 망라한 모든 영역에 확대된다. 예수님께 오기 원하는 자들은 누구나 올 수 있고, 우리는 이렇게 초청해야 한다.

회개하고 예수님을 믿는 자는 누구나 구원을 받는다

구원받을 수 있는 자는 유대인이나 헬라인이나, 남자나 여자나, 노예이거나 자유인이거나 아무런 구별이 없다(갈 3:28). 하나님은 사람을 차별하지 않으신다. 구원은 예수님을 따르는 자에게 주어진다.

하나님은 우리가 예수님을 거부할 수 있는 권리를 허락하신다

하나님의 초청을 거부하는 자들은 그 결정에 대해 각 개인이 책임을 져야 한다. 회개하지 않으면 우리는 멸망한다(눅 13:3).

🍎 고려해야 할 질문들

- 성경이 하나님의 주권을 말하는 동시에 사람이 그리스도를 선택하거나 거절할 수 있다는 것을 기록하고 있다는 사실이 당신을 혼란스럽게 하는가? 그렇다면, 그것이 왜 문제가 되는가? 이해하기 어려운 구절들 때문에 어려움이 있는가? 어떤 문제들인가?
- 당신은 자유 의지와 구원 문제를 이해하는데 있어서 웨슬리안/알미안을 입장을 지지하는가, 아니면 개혁주의/칼빈주의 입장을 지지하는가? 당신의 관점을 성경 구절로 설명할 수 있는가?
- 자유 의지에 관한 당신의 견해는 전도하는 데 영향을 주는가? 그렇다면, 왜 그런가? 당신의 전도 방법에 어떤 영향을 주는가?

제13장
복음을 듣지 못한 사람은 어떻게 되나?

"그러면 외딴 섬에 사는 이들은 어떻게 되나요?" 마크가 물었다.

"누구요?"

"지금 우리는 자유 의지와 구원, 사람들에게 회개하고 예수님을 믿으라는 초청과 선택 받은 자들이 예수님을 믿게 되는 것에 대해서 대화를 하고 있어요. 그러나 외딴 섬이나 깊은 산속에 사는 사람, 아마존 정글에 홀로 사는 사람, 혹은 복음을 들을 수 있는 기회가 전혀 없는 사람들은 어떻게 되나요?"

"아, 지금은 아마존에 사는 모든 종족들이 다 밝혀졌잖아요." 로베르토가 짓궂은 표정으로 대답했다. "그리고 위성 시설을 가지고 있어서 더 이상 고립된 지역이 아니에요. 전에 들은 얘기인데요, 이제는 48시간이면 지구상의 어느 곳에도 갈 수 있다네요."

"제가 무슨 뜻으로 말하는지 아시잖아요. 지리적인 이유 때문에 복음을 들을 수 있는 기회를 갖지 못하는 이들은 어떻게 되나요? 그 사람들은 지옥에 가나요?"

"무슨 말씀을 하는지 알고 있어요. 당신을 좀 놀려주려 한 것뿐이에요. 자, 이야기를 계속해 볼까요? 어디까지 얘기했죠?"

마크는 전에 나누던 진지한 대화를 떠올렸다. "좋아요. 거룩하신 하나님 앞에서 우리 모두가 죄인이지요. 이 사실에 의하면, 공평과 정의 차원에서 볼 때 우리는 영적으로 죽었고 지옥에 갈 수밖에 없지요. 그러나 우리가 아직 죄인이었을 때 그리스도께서 우리를 위하여 죽으셨고, 아시는 것처럼 이 세상을 창조하시기 전에 하나님께서는 어떤 사람들에게 은혜와 자비를 베푸셔서 그들을 구원하시기로 예정하셨어요. 이 사람들이 바로 택함을 받은 사람들이에요. 하나님은 시간의 지평을 다 내려다보시며 회개하고 예수님을 믿을 자들을 아시고 그들을 택하셨다고 믿는 신학자들이 있고, 하나님이 그들을 택하신 것은 그들의 행한 바 때문이 아니라고 하는 신학자들이 있어요. 그들은 영적으로 죽었고, 스스로는 반응할 수 없는 상태라고 보기 때문이죠. 온전히 하나님의 주권으로 택하셨다고 믿어요. 우리가 여기까지 말했지요?"

로베르토는 고개를 끄덕였다. "웨슬리안/알미니안이건, 개혁주의/칼빈주의건 간에 복음의 선포가 하나님의 구원의 능력이죠."

"그러면 로베르토, 복음을 듣지 못하는 사람은 어떻게 되는 거죠?"

문명에서 소외된 이들의 구원에 대한 문제는 많은 사람들이 흔히 묻는 질문이다. 죄에서 돌이키고 예수님을 믿지 않으면 구원이 없다는 것이 기본적인 생각이다. 예수님이 말씀하셨다. "내가 곧 길이요 진리요 생명이니 나로 말미암지 않고는 아버지께로 올 자가 없느니라"(요 14:6). 어떤 종교적인 사람들에게 베드로와 요한은 이렇게 말했다. "다른 이로써는 구원을 받을 수 없나니 천하 사람 중에 구원을 받을 만한 다른 이름을 우리에게 주신 일이 없음이라 하였더라"(행 4:12).

이러한 사실이 우리에게 가르쳐 주는 것이 무엇일까? **첫째,** 예수님께서 우리에게 명령하신 바와 같이 복음을 땅 끝까지 전해야 할 책임이 교회에 있다. 아무리 멀리 떨어져 있어도 믿지 않는 사람이 있다면 우리는 그곳에 가서 전해야 한다.

> ♀ KEY POINT
> 예수님은 구원의 유일한 길이시며, 구원을 위해서는 예수님을 믿는 분명한 믿음이 있어야 한다.

둘째, 교회는 긴박성을 가지고 믿지 않는 자들에게 복음을 전해야 한다. 인적이 드문 지역에서 복음이 전파된 이후 한 사람이 복음을 전해 준 선교사에게 찾아와 이렇게 물었다고 한다. "당신이 우리 지역에 놀라운 진리를 전해 주는데 왜 그렇게 오랜 시간이 걸렸습니까?" 이 이야기는 복음 전파의 긴박성에 대해 많은 생각을 하게 한다. 잃어버린 자들에 대한 우리의 사랑이 선택의 교리와 상관없이 복음에 대한 긴박성을 불러 일으켜 그들을 가능한 빠른 시간 내에 믿음에 이르도록 도울 수 있기 때문이다. 우리는 그들이 악의 굴레에서 벗어나 그리스도의 축복 속에 자라기를 소원한다.

세 번째, 마크가 가정해서 질문을 했지만 그런 사람들이 실제로 존재한다. 외딴 섬은 아니라 해도 지금 이 순간에도 복음을 듣지 못한 수많은 종족들이 있다. 마크의 질문은 전 세계에서 아직도 진리를 들을 수 없는 사람들을 찾아가도록 도전한다. 사도 바울의 말은 마크의 질문에 대한 답변이 될 수 있을 것이다. 바울은 디모데에게 말했다. "그러므로 내가 택함 받은 자들을 위하여 모든 것을 참음은 그들도 그리스도 예수 안에 있는 구원을 영원한 영광과 함께 받게 하려 함이라"(딤후 2:10).

복음을 듣지 못한 자들의 운명에 관한 여러 견해들

다음은 복음을 들을 기회를 갖지 못한 자들에 관한 견해들이다. 이 목록에서 첫 번째 견해만이 본질적으로 성경적인 확증을 가지고 지지를 받는 견해이다.

- **유일주의**: 예수님은 구원의 유일한 길이시며, 구원을 위해서는 예수님을 믿는 분명한 믿음이 있어야 한다.
- **포용주의**: 예수님이 구원의 유일한 길이시지만, 사람들이 다른 종교와 신앙의 전통을 신실하게 추구한다면 예수님에 대한 지식이 없어도 하나님 아버지께로 올 수 있다. 그들은 익명의 그리스도인이며, 자기는 모르지만 십자가를 지신 그리스도의 구속 안에 거하게 된다.

- **다원주의:** 예수님은 유일한 구세주가 아니며 구원의 길은 다양하다.
- **보편주의:** 모든 사람들은 궁극적으로 구원을 받게 된다.
- **포스트모던 복음**(신적 인내): 어떤 사람들에게는 죽은 후에도 예수님을 믿을 수 있는 기회가 주어진다.
- **중간 지식:** 하나님은 복음을 듣지 못하고 죽은 자에게도 구원의 길을 예비하신다. 그들이 복음을 들었다면 예수님을 영접하였을 것이다.
- **마지막 기회 이론:** 이것은 포스트모던 복음의 관점과 유사하다. 어떤 로마 가톨릭 변증가들은 사람이 죽을 때(죽음 이후가 아닌) 그리스도를 만나게 되고, 구원받을 수 있는 기회를 갖게 된다고 한다.
- **영지주의:** 하나님은 거의 모든 인류를 구원하신다. 그러나 복음을 듣지 못할 때 어떻게 하실지는 알 수 없다.
- **반영지주의:** 하나님은 복음을 듣지 못한 자들 중 일부에게 구원의 길을 주실 수 있다. 그러나 그렇게 하시리라고 볼 이유는 없다.[19]

고넬료 요인

마크의 질문에 대답하기 위해서 고려할 것이 있는데, 이를 고넬료 요인이라 부른다. 사도행전 10장에 나오는 고넬료는 지위가 높은 군인이었으며 처음에는 예수님을 따르는 자가 아니었다. 누가는 그를 "경건하여 온 집안과 더불어 하나님을 경외하며 백성을 많이 구제"한다고 소개하였다(2절). 하나님을 경외하는 자? 그렇다. 용서받고 구원받은 자였을까? 아니다. 우리의 행위나 단순히 하나님을 믿는 믿음, 혹은 하나님을 경외하는 것으로 구원을 받는 것이 아님을 기억하라(엡 2:8-9, 약 2:19). 그러나 진리를 추구하는 고넬료에게 하나님은 그가 해야 할 일을 드러내셨고 사도 베드로를 그의 집에 보내셨다(행 10:5). 베드로가 고넬료의 집에 도착해서 복음을 전한 후에야 그의 온 가족이 그리스도를 믿게 된다(34-48절).

성경은 이렇게 말한다. "하늘이 하나님의 영광을 선포하고 궁창이 그의 손으로 하신 일을 나타내는도다"(시 19:1). 창조주 하나님에 대한 지식은 누구나, 심지어 외딴 곳에 있는 자라 할지라도 알 수 있는 바이다(롬 1:19-20). 그러나 하나님의 은혜를 드러내는 이 자연계시로는 사람들을 믿음으로 이끄는 데 충분하지 못하다. 바울은 이 문제를 이렇게 말했다.

> "하나님의 진노가 불의로 진리를 막는 사람들의 모든 경건하지 않음과 불의에 대하여 하늘로부터 나타나나니 이는 하나님을 알 만한 것이 그들 속에 보임이라 하나님께서 이를 그들에게 보이셨느니라 창세로부터 그의 보이지 아니하는 것들 곧 그의 영원하신 능력과 신성이 그가 만드신 만물

에 분명히 보여 알려졌나니, 그러므로 그들이 핑계하지 못할지니라 하나님을 알되 하나님을 영화롭게도 아니하며 감사하지도 아니하고 오히려 그 생각이 허망하여지며 미련한 마음이 어두워졌나니 스스로 지혜 있다 하나 어리석게 되어 썩어지지 아니하는 하나님의 영광을 썩어질 사람과 새와 짐승과 기어다니는 동물 모양의 우상으로 바꾸었느니라 그러므로 하나님께서 그들을 마음의 정욕대로 더러움에 내버려 두사 그들의 몸을 서로 욕되게 하게 하셨으니 이는 그들이 하나님의 진리를 거짓 것으로 바꾸어 피조물을 조물주보다 더 경배하고 섬김이라 주는 곧 영원히 찬송할 이시로다 아멘" (롬 1:18-25)

이 말씀은 외딴 곳에 있는 자들에 대한 마크의 질문과 어떤 연관이 있을까? 미술에 빗대어 표현한다면, 위대한 작가가 우주와 모든 사람들의 마음이라는 캔버스 위에 하나님의 영광을 그려놓은 것이라 할 수 있다. 그러나 우리의 죄된 마음 때문에 하나님에 대해 알 수 있는 진리가 제한된다. 우리 자신의 의식을 통해 계시된 하나님의 놀라운 창조 역사와 하나님의 영광에 대해 긍정적으로 반응하는 대신 우리는 그분께 감사하지 않고, 그분께 마땅히 예배하지 않으며, 우리 자신을 포함한 피조물에게 경배하기 시작했다. 피조물이 창조주의 자리에 서서 우상을 섬기게 되었다. 그 결과 우리는 하나님을 떠나 자기 자신의 길을 가고, 하나님께서는 우리가 우리의 길을 가도록 용인하신다.

외딴 곳에 사는 자들은 마크와 로베르토가 보는 것과 같은 태양, 달, 별들, 비, 동물들을 볼 수 있지만, 다른 모든 이들과 같이 이 경이로운 창조주에게서 돌아설 것이다. 자신들을 창조하시고 사랑하시는 하나님에게서 돌아서서 세상 속에서 자기 규칙대로 살 것이다.

앞 장들을 읽어보면서 이렇게 질문할 수 있다. "외딴 곳에 사는 자들도 선택 받은 자에 속하는가?" 그렇다고 대답할 수 있다면 이 질문은 잘못된 것이다. 교회는 하나님의 신비를 찾아내려고 애쓰는 셜록 홈즈와 같은 탐정으로 부름 받지 않았다. 우리는 가서 사랑하고, 아주 먼 곳까지 가서 모든 사람에게 복음을 전하라는 명령을 받았을 뿐이다.

고넬료 요인이 말하는 바는, 하나님께서 이 땅의 선교 사역을 감당하시는 분임을 기억하며 예수님의 복음을 종교적으로 경건한 이들에게도 전해야 한다는 것이다. 하나님께서 기적적인 방법으로 베드로를 고넬료의 집으로 인도하셨듯이 지금도 외딴 곳에 있는 이들을 위해 당신의 종을 보내신다.

고넬료와 베드로의 관계를 고려해 볼 때, 고넬료는 베드로가 있는 곳에서 지리적으로 멀리 떨어져 있지는 않았으나 사회적으로 외딴 곳에 위치한 사람이었다고 할 수 있다. 베드로는 유대인이었고, 부정한 자가 되지 않기 위해 이방인에 대한 언급마저도 꺼려하던 이였기 때문이다. 그러나 하나님은 베드로에게 이방인이었던 고넬료와 교류하라고 직접 말씀하시며 이방인 사역에 대한 비전을 주셨고 전통 때문에 두려워했던 베드로를 자유롭게 하셨다.

우리가 외딴 곳에 있는 사람에 대해 말할 수 있는 것은, 누군가가 그에게 그가 이해할 수 있는 방법으로 복음을 제시한다면 그는 복음에 응답할 수 있는 능력을 가지고 있다는 것이다. 물론 그가 그리스도를 받아들일지는 하나님께서만 아신다. 교회는 그가 반응하든 그렇지 않든 상관없이 그를 찾아야 하고, 사랑해야 하고, 희망의 메시지를 나누어야 한다. 그러나 예수님을 믿지 않는다면 그 사람은 멸망할 수밖에 없다(요 3:16).

🍂 고려해야 할 질문들

- 복음을 듣지 못한 자들의 운명에 대한 여러 견해들 중에서 당신은 어떤 견해를 받아들이고 있는가? 그 견해를 확신할 수 있는 성경적 근거를 가지고 있는가?
- 그리스도에 대해 들을 수 없는 외딴 곳에 있는 사람들 때문에 혼란스러운가? 그 사실이 그 사람에게 복음을 전해야 하겠다는 마음을 갖게 하는가?

제14장
어린이나 지적 장애인들이 죽은 후에는 어디로 가나?

"마크, 당신에게 물어볼 게 있어요. 외딴 곳에 살지 않지만 복음을 듣지 못하고 죽은 자들은 구원받을 수 있을까요?" 로베르토가 물었다.

"누구를 말하는 거죠? 무슨 말씀인지 모르겠는데요."

"네, 죽은 아이들이나 정신적 장애를 가진 사람들을 말하는 거예요," 로베르토가 다시 분명하게 말했다.

마크는 깊은 한숨을 쉬었다. "어, 전에 이 문제에 대해 깊이 생각해 본 적은 없어요. 외딴 곳에 사는 사람과 죽은 아이들, 혹은 지적 장애가 있는 사람들 사이에는 차이가 있는 것 같아요."

"어떤 차이점을 말하는 거죠?"

"그들은…, 음…, 복음에 응답할 수가 없잖아요."

"계속 말해 봐요, 아주 잘 하고 있어요," 로베르토가 말했다.

"누군가 그들에게 복음을 전하지 않는다면 그들은 복음에 응답할 수가 없겠죠. 이 문제와 연관된 성경 구절이 몇 개 있었던 걸로 기억해요."

"어떤 구절인지 기억할 수 있나요?" 로베르토가 물었다.

"알 수 있을 것 같아요," 마크가 대답했다. "도와주시면 찾을 수 있을 것 같은데."

> 💡 KEY POINT
>
> 하나님은 우리보다도 어린이와 지적 장애인들의 죽음과 구원을 생각하는 분이시다.

로베르토와 마크는 문명에서 소외된 이들의 구원에 대한 문제 말고도 특히 어린 아이의 죽음과 같이 수세기 동안 계속되어 온 문제에도 도전했다. 이 질문은 소외된 지역에 사는 사람들의 문제와는 다르지만 우리들 중 대부분이 접할 수 있는 질문이기에, 이 책의 모든 질문들과 마찬가지로 성경에서 그 답을 찾아야 한다.

복음을 듣지 못하고 죽은 어린 아이의 구원과, 복음에 반응할 수 없는 지적 장애를 가지고 있는 이들의 구원에 관한 전형적인 답변은 다음과 같다:

- **정서적 답변:** 하나님은 사랑이시다. 그리고 어린이(그리고 정신적인 장애를 갖는 자)는 죄가 없는 피조물이다. 그러므로 그러한 자들은 영원한 지옥에 갈 수 없을 것이다.
- **희망이 없다는 답변:** 영아기에 죽은 어린이나 복음에 반응할 수 없는 장애인에게 희망은 없다. 그들이 회개하고 예수님

을 믿지 않았기 때문에 영원히 지옥에 갈 수밖에 없다.

- **선택의 답변**: 복음을 들었으나 반응할 기회를 갖지 못하고 죽은 모든 어린이와 지적 장애를 가진 이들은 모두 하나님이 선택한 자들이다.
- **선택에 관한 변형된 답변**: 어린이나 지적 장애를 갖는 자들이 선택을 받았는지는 알 수 없다. 그들이 선택을 받은 자들이라면 천국에 갈 것이고, 선택을 받지 못한 자들이라면 지옥에 갈 것이다.
- **교회의 전통적 답변**: 어린이나 지적 장애를 갖는 자들이 침례(세례)를 받고 믿는 자의 가족이 된다면 천국에 갈 것이다. 이를 뒷받침하는 성경 구절은 고린도전서 7:14이라고 말하는 자들도 있다.[20]
- **포스트모던 전도의 답변**: 복음에 반응할 수 없었고 반응할 기회도 없었던 자들에게는 죽음 후 혹은 천국이나 지옥에 들어가지 전에 기회가 주어진다.

성경은 이 문제에 대한 충분한 설명을 제시하지 않는다. 다만 이 문제에 대해 생각하도록 이끌어 주는 관련 구절들이 있다.

첫째, 영아기에 죽은 자들과 정신적 장애를 가진 자들도 다른 사람들과 같이 죄악 가운데 태어난다는 사실을 이해해야 한다(롬 5:12). 예수님만이 구원을 주시는 유일한 구세주이고(요 14:6, 행 4:12),

하나님께서는 사람들이 구원에 이르도록 주권을 가지고 택하신다
(엡 1:4-5).

둘째, 죄인들은 자신들의 행위에 대한 책임을 져야한다(계 20:11-15). 그러나 어린이와 지적 장애인들이 선악을 분별하지도 못한 상태에서 죽는다면 그들의 악한 행위에 대해서는 책임을 물을 수 없다는 주장을 할 수 있다고 본다(신1:34-39).

셋째, 예수님은 어린이에 대해 특별한 마음을 가지셨음을 분명히 알 수 있다(마 18:1-6, 19:14, 막 10:13-16). 어떤 사람들은 "좌우를 분변하지 못하는 자"(욘 4:11)들은 니느웨의 자식들이며, 그러므로 하나님의 긍휼을 입는다고 말한다.

넷째, 다윗이 사후에 죽은 자기 자식이 있는 곳으로 자신도 가게 될 것이라고 말할 때(삼하 2:23), 그것은 천국을 의미하는 것이었다. 그는 자신이 천국으로 갈 것이라 생각했기 때문이다.[21]

다섯째, 마크는 이 문제에 대해서 고려해야 할 사항이 있다고 로베르토에게 말한다. 그것은 어린이들과 지적 장애인들의 복음에 대한 반응 여부이다. 다른 말로 하면, 제13장에서 언급한 외딴 곳에 있는 사람들과 달리 이들은 자신이 죽기 전에 구원의 계획에 대해 들을 수 있을지라도 회개하고 예수님을 믿을 수 없다. 그들은 진리를 이해하거나 믿음으로 반응할 능력이 없다. 우리 믿음은 말씀을 이해할 수 있어야 생기는 것임을 기억해야 한다(롬 10:17).

어린이와 지적 장애를 가진 이들의 운명에 대해서는 답하기가 쉽

지 않다. 확실한 것은, 우리들이 제기하는 질문 중에 우리가 바라는 것 같은 명백한 답을 찾을 수 없는 것들이 있다는 점이다. 그러나 우리는 주님께서 우리가 필요로 하는 답변을 성경을 통해 주실 것을 확고히 믿고 안심해야 한다. 성경이 명백하게 말하면 우리도 똑같이 명백하게 말해야 한다. 성경이 작게 속삭이면 우리도 톤을 낮추어야 한다. 성경이 침묵하면 우리도 침묵해야 한다. 우리의 반응과 상관없이 하나님은 항상 선하시고, 긍휼이 많으시고, 사랑이시고, 은혜로우시고, 자비하시고, 친절하시고, 정의로우신 분임을 알아야 한다. 하나님은 우리보다도 어린이와 지적 장애인들의 죽음과 구원을 생각하는 분이시다.

🍥 고려해야 할 질문들

- 이 장의 질문에 대한 사람들의 전형적인 반응 중에서 당신은 어떤 견해에 동의하는가? 왜 그런가? 당신이 지지하는 견해에 대해 성경은 어떻게 말하고 있나?
- 외딴 곳에 사는 사람과 어린이나 지적 장애를 가진 이들을 대조하는 것에 동의하는가, 동의하지 않나? 왜 그런가?

제15장
전도에서 성령의 역할은 무엇인가?

마크는 오늘 저녁 모임이 며칠 남지 않은 기말고사를 준비하는 데 방해가 될 수도 있다고 생각했으나 한편으로는 쉼과 축복이 필요했기에 모임에 참석했다. 사실 그는 로베르토가 빈스에 도착하기 전부터 자리에 앉아 있었다.

"많이 늦었죠?" 로베르토가 말했다. "자동차 엔진 오일을 교환하다 보니 이렇게 늦었네요, 오래 안 걸릴 줄 알았는데…." 그들은 주문을 마친 후 카페 한구석의 작은 테이블을 찾아 함께 앉았다.

"오늘 바빠 보이네요."

"여기 주식 상장하면 좋겠어요. 그러면 제가 첫 번째로 줄섰을 텐데 말예요," 마크가 말했다.

로베르토가 커피를 한 모금 마셨다. "마크, 제가 오늘 밤 자동차 오일을 가는 동안 생각해 봤는데요?"

"와! 생각을 했다고요?" 마크가 농담을 건내자, 로베르토는 못들은 체했다.

"보통 기독교인들은 성령에 대해 말하길 꺼려하잖아요? 왜 그렇다고 생각하세요?"

마크는 어깨를 으쓱이며 치즈 케이크를 한입 베어 물었다.

"요즘 믿는 사람들은 성령에 대해 말하는 것을 어려워하는 것 같아요. 자기에게 무슨 일이 일어나는지 도무지 관심이 없어 보여요."

"이제 와서 생각해 보니 성령에 대한 이야기나 가르침을 한동안 듣지 못한 거 같아요," 마크는 말했다. "성령님이 삼위일체에서 잊혀진 존재 같아요."

"잊혀졌지만 성령은 복음 전도에 있어서 절대적으로 필요한 분입니다." 로베르토는 말했다. "제가 그 이유를 몇 가지 생각해 보았는데요."

"이를테면?"

"우선, 친숙함은 무심함을 낳게 하죠," 로베르토가 말했다. "제가 어릴 적에 할아버지 댁에 종종 방문을 했었는데 집이 기찻길 바로 옆이었어요. 거실이랑 한 15미터 거리 정도여서 기차가 오면 집 전체가 흔들렸어요! 시끄러웠냐고요? 당연하죠! 그런데 어느 날은 한꺼번에 기차 다섯 대가 지나가더라고요."

"그래서, 요점이 뭐죠?" 마크는 로베르토가 대화의 초점을 잃어가는 줄 알았다.

"요점은, 그곳 삶이 익숙해졌다는 거죠. 할아버지는 너무 오랫동안 기차 소리를 들으셔서인지 6년이 지난 다음부터는 더 이상 기차 소리에 신경이 쓰이지 않으셨다는 거예요. 할아버지 댁에 놀러기서 기차가 지나갈 때마다 소음을 어떻게 참고 사시는지 여쭤보면, 할

아버지는 기차가 지나갔는지도 모른다고 하셨어요! 할아버지가 미치신 줄 알았다니까요. 근데 할아버지는 기차 소리에 익숙해져서 무심해지는 법을 배우셨던 거예요. 우리도 성령을 쉽게 받아들이고 잊는 것 같아요"

"좋은 지적이네요." 마크는 에스프레소를 홀짝이며 대답했다. "또 있나요?"

"성령에 대한 성경적 가르침에 우리가 너무 무심하다고 생각해요. 우리는 성경이 그분의 특성과 사역에 대해 뭐라고 말하는지 모르고 있어요. 제 생각에 성도들이 성령에 대해 너무 많은 얘기를 하면 극단주의자로 몰릴 수 있다고 염려하는 것 같아요. 또한 성령에 대한 수많은 거짓된 가르침이 사람들을 이 주제에서 멀어지게 하는 것 같아요. 성도들이 너무 많은 극단주의와 교리 남용을 목격하면서 성령에 대해 부정적 시선을 갖게 된 거죠."

"그럴 수도 있겠네요!" 마크가 말했다.

"마크! 성령께서 복음 전도에 있어서 그분의 역할에 대해 우리가 토론하기를 원하시는 것 같아요. 복음 전파에서 성령의 역할은 무엇일까요?" 마크는 잠시 생각했다.

"지금 당신의 질문에 답하는데 도움을 줄 성경 구절이 생각나는데, 한번 볼까요?" "그래요." 로베르토는 테이블 위에 성경책을 펼쳤다.

"우리가 오늘 하나님을 경험하려면 성령님과 가까워져야 한다"라고 말한 밀라드 에릭슨(Millard J. Erickson)의 말은 맞는 것 같다.[22] 주님을 알게 될수록 경멸, 무심함, 사악함, 그리고 두려움은 사라지게 된다. 주님과 동행하며 성장하기 위해서는 그분과 그분의 방식에 대해 이해해야 한다. 복음 전파와 관련한 모든 논의는 삼위일체의 세 번째 위격인 성령님의 역사를 포함해야 한다. 성령님 없이는 하나님 나라를 확장시키기 위한 모든 노력이 헛되다. 성령께서 교회를 위해 일하시는 전도 사역의 몇 가지 방식을 알아보자.

> 💡 **KEY POINT**
> 성령의 역사는 오늘날 우리가 상상하거나 요구하는 것보다 더 많은 그리스도의 영광을 성취하도록 이끄는 동력이 된다.

능력

성령님은 전지전능하시며 그분의 능력은 성서 전체에 드러나 있다. 예수님은 이 땅의 사역을 위해 성령에게서 능력을 부여받으셨다(눅 4:14-21). 부활 이후 예수님은 사도들에게 땅끝까지 이르러 복음을 전하기 위해 성령에게서 권능이 임할 때까지 예루살렘에서 기다리라고 말씀하셨다(행 1:1-8). 우리가 사도행전에서 보듯이 성령은 교회가 예수님의 부활에 대해 강력한 증인이 되도록 인도하시고, 주님은 증인들을 통해 그의 왕국을 확장시키셨다. 바울이 로마, 에베소, 그리고 갈라디아에 있는 교회들에게 편지하며 성령의 능력에 대해 자주 언급하는 모습을 볼 수 있다(롬 15:13, 엡 3:16, 갈 4:29). 성령의 역사는 오늘날 우리가 상상하거나 요구하는 것보다 더 많은 그리스도의 영광을 성취하도록 이끄는 동력이 된다. "우리 가운데 역사하시는 능력대로 우리가 구하거나 생각하는 모든 것에 더 넘치도록 능히 하실 이에게 교회 안에서와 그리스도 예수 안에서 영광이 대대로 영원무궁하기를 원하노라"(엡 3:20-21).

인도하심

우리는 매일의 삶에서 성령이 우리와 동행하시고 다른 이들과의 만남을 이끌어 주시는 분임을 믿고 의지해야 한다. 사도행전에는 성령께서 이와 같은 방법으로 우리를 인도하심이 나타난다. 예를 들어, 사마리아에서의 큰 부흥 이후에 성령은 빌립에게 말씀하셔서 광야로 내려가 말씀을 받을 준비가 된 에티오피아 내시에게 복음을 전하도록 이끄셨다. 또한 교회 개척팀이 소아시아와 비두니아를 떠나 빌립보로 건너가 교회를 개척하고 하나님의 말씀을 전하도록 인도하셨다.

담대함

어리석은 세상을 향해 담대하게 하나님의 메시지를 선포할 수 있는 능력은 성령님에게서 온다. 초대 교회가 복음에 대적하는 이들을 만났을 때 성도들은 담대하게 전도할 수 있도록 기도했으며, 성령님은 이들에게 능력을 주셨다. "주여 이제도 그들의 위협함을 굽어보시옵고 또 종들로 하여금 담대히 하나님의 말씀을 전하게 하여 주시오며 … 빌기를 다하매 모인 곳이 진동하더니 무리가 다 성령이 충만하여 담대히 하나님의 말씀을 전하니라"(행 4:29, 31).

지혜

제자들이 말씀을 전하다가 체포되었을 때 베드로와 요한(이들은 교육을 못 받은 이들이었지만), 그리고 스데반을 통해 종교 지도자들이 당황하도록 말씀하신 분은 성령님이셨다(행 4:13, 6:10). 이러한 일들은 예수님의 가르침의 실현을 나타낸다. "사람들이 너희를 끌어다가 넘겨 줄 때 무슨 말을 할까 미리 염려하지 말고 무엇이든지 그때에 너희에게 주시는 그 말을 하라 말하는 이는 너희가 아니요 성령이시니라"(막 13:11).

하나님의 영광

창세기에서 요한계시록까지 성령님은 하나님의 영광을 위해 그분의 의지를 끊임없이 세상에 나타내신다. 성령님은 우리가 사람들에게 다가가 복된 소식을 전하기 전에 이미 그들 삶 속에서 역사하고 계시며 우리가 떠나가도 그들을 위해 지속적으로 일하신다. 사마리아에서 예수님이 제자들에게 말씀하신 것을 기억하라! 주님은 제자들에게 자신들의 사역에 앞서 수고하고 씨앗을 심은 사람들의 사역의 열매를 거두라고 하셨다(요 4:34~38).

확신

J. B. 로렌스(J. B. Lawrence)는 "하나님의 도구인 인간은 성령을 떠나서는 죽은 마음, 완고한 의지, 악한 상상, 왜곡된 이해, 편향된 판단을 바꿀 수 없다"고 했다.[23] 성령님은 복음을 통하여 사람들이 거룩한 하나님으로부터 분리되어 있다는 것과 예수를 통해 나타나는 은총의 위대함을 알려 주신다. 복음 전도는 설득력 있는 말이 아닌 성령님의 능력에 그 힘이 있다(고전 2:4; 살전 1:5; 벧전 1:12). 성령님은 사람들의 죄에 대해 심판하시고 하나님의 정의와 심판에 대한 확신을 주신다(요 16:8).

구원

우리가 아무리 노력을 해도 사람을 구원할 수 없다. 이 능력은 성령님께로부터 나온다(요 3:5-8; 행 16:14; 고전 12:3). 그분은 우리가 믿지 않는 자들을 사랑하는 것보다 더욱 그들을 사랑하신다. 우리는 절대 다른 사람을 교묘히 속이거나 거짓된 믿음을 강요하여 주님의 기뻐하시는 구원의 일을 방해서는 안 된다. 하나님은 게으르지 않으시며 사람을 구원하는 데 있어 인간의 도움을 필요로 하지 않으신다. 그리고 하나님은 가만히 계시면서 그의 영광을 놓치시는 분이 아니다. 존 스토트(John Stott)는 성령과 믿지 않는 자들에 대해 설명하며 "오직 성령만이 사람의 눈을 열 수 있으시고 어둠에서 빛을 비추시며, 구속된 자를 해방시켜 하나님께로 돌이켜 사망에서 생명으로 옮기실 수 있다"고 했다.[24]

🍃 고려해야 할 질문들

- 성령께서 전도의 모든 사역을 인도하신다면 당신이 전도할 때 가장 격려가 되는 일은 무엇인가? 왜 그런가?
- 전도를 실천하는 중에 성령님께 의지하는 대신 자신의 능력으로만 감당한 적이 있는가? 그렇다면 이 점을 고치기 위해 어떻게 할 것인가?

제16장
전도에서 기도의 역할은 무엇인가?

마크는 성령과 복음 전도의 관계에 대해 로베르토와 얘기를 나눈 후 다른 질문을 이어가길 원했다. 로베르토가 추수감사절 가족 모임 때문에 평소보다 일찍 집으로 돌아가야 하는 것을 알았기에 서둘러 질문을 이어갔다. "시간이 얼마 남지 않았으니까 질문 하나 더 할게요," 마크는 말했다. "기도와 복음 전도는 어떤 관계가 있죠?"

"좀 더 자세히 말씀해 보시겠어요?"

"오늘 당신은 차 엔진 오일을 갈아준 사람을 위해 기도한다고 하셨잖아요. 정비소에 있을 때 정비공과 예수님에 대해 얘기할 수 있도록 기도했다고도 하셨죠. 대화할 만한 상황이 안 됐을 것 같은데…."

"아무 얘기도 못했어요!" 로베르토가 말했다.

"지금까지 하나님이 복음 전도를 주관하신다고 얘기했잖아요. 그러면 기도는 전도에 있어서 어떤 역할을 하죠?" 마크는 물었다.

"당신은 하나님이 모든 것을 다스리신다면 왜 우리가 누군가의 구원을 위해 기도를 해야 하는지 궁금한 거죠?"

"맞아요! 그게 참 궁금한 문제예요."

"저도 똑같이 생각해요," 로베르토가 대답했다.

"생각해 볼 가치가 있을 것 같네요." 마크는 생각에 잠겼다.

> 💡 KEY POINT
> 하나님은 복음을 통해 사람을 구원하시듯이 기도를 통해 믿음에 도달하도록 이끄신다.

하나님은 복음을 통해 사람을 구원하시듯이 기도를 통해 믿음에 도달하도록 이끄신다. 우리는 기도가 단순히 하나님에게서 원하는 것을 얻기 위해 거대한 자판기에서 버튼을 누르는 행위 같은 것이 아니라는 것을 안다. 우리는 기도를 통해 우리의 가장 깊은 감정과 생각을 표출함으로 하나님께서 우리의 믿음을 증가시키신다는 것을 알고 있다. 전도에 기도가 더해지면 주님은 주권적으로 우리의 기도를 통해 자신의 선한 목적을 이루어 가신다.

매일의 기도

모든 전도자는 하나님이 인간을 구원하실 것이라 믿고 기도한다. 우리도 하나님께 친구, 가족, 그리고 다른 이들을 구원해 달라고 기도해야 한다. 전도에 있어서 기도의 역할에 대해 설명해 주는 여덟 가지 성경 구절이 있다. 첫 네 구절들은 매일의 기도와 연관이 있다.

하나님의 뜻은 이루어질 것이다

의인의 기도는 역사하는 힘이 있다(약 5:16). 세상을 통치하시는 주님은 단순히 그럴싸한 열망이나 우리의 욕심에 따라 조작할 수 있는 꼭두각시가 아니시다. 우리는 옳은 일을 하거나, 적절한 희생을 하거나, 올바른 기도를 하여 그분을 조종할 수 없다.

우리가 기도할 때 주님이 주신 기도 모범을 항상 기억해야 한다. 아버지의 뜻이 하늘에서 이루어진 것 같이 땅에서도 이루어질 것이다(마 6:10). 우리는 하나님의 뜻이 이 땅에서 이루어지기를 기도해야 한다. 나는 누군가의 구원을 위해 수년간 기도했지만 결국 그 사람은 죽을 때까지 예수님을 믿지 않았다. 그래서 이 사람이 예수님이 주시는 풍요로운 삶을 놓쳤다는 사실에 내가 슬퍼했느냐고 묻는다면? 맞다. 또한 이 사람이 천국에 들어가지 못했을 것이라는 사실에 내가 속상했을까? 물론이다. 그렇다면 기도를 통해 사람을 하나님 나라로 불러들이시려는 하나님의 능력에 대한 나의 믿음이 흔들렸을까? 절대 아니다. 나는 하나님이 의로운 이들의 기도를 들으신다는 사실을 안다(벧전 3:12). 그는 하나님이시고 나보다 더 자기 피조물을 사랑하신다. 하나님께서 이 땅을 통치하시기에 당신의 종은 단지 "당신의 뜻이 이 땅에서 이루어지길 원하나이다." 하고 기도해야 한다.

믿으며 기도하라

기도에 있어서 중요한 또 다른 부분은 우리가 기도할 때에 하나님께서 일하신다는 것이다. 마가는 "그러므로 내가 너희에게 말하노니 무엇이든지 기도하고 구하는 것은 받은 줄로 믿으라 그리하면 너희에게 그대로 되리라"고 기록했다(막 11:24). 이 구절은 말만(기도)하면 원하는 것은 무엇이든 얻을 수 있다는 뜻이 아니다. 오히려 우리는 추수하시는 능력의 주님이 악한 죄인을 그분의 나라로 이끄시리라는 것을 믿고 기도해야 한다. 나는 여름 성경 학교에서 일주일간 목사로 섬기며 만난 케빈이란 청소년을 기억한다. 케빈은 문제아였다. 사실 나는 그 녀석 때문에 한 주간 위궤양을 앓았다. 그는 여름 내내 제일 말 안 듣는 아이였다. 잠자는 시간에만 사고를 치지 않았다. 나는 캠프 통솔자가 부모에게 전화를 걸어 그를 집으로 돌려보낼 줄 알았다.

나는 일주일 동안 케빈을 위해 기도했다. 두 가지를 위해 기도했다. 그 아이가 다른 아이들을 괴롭히지 않는 것과 예수님을 따르는 것이었다. 모두가 그를 위해 기도했다. 결론적으로 힘들었던 그 일주일을 짧게 말하자면, '주님은 캠프 주간에 케빈을 만나주셨다.'

캠프 마지막 날 케빈이 떠나기 전에 나에게로 걸어와 공예 시간에 만든 팔찌를 내 손목에 걸어주었다. 사실 나는 일주일 내내 이 녀석이 내게 다가올 때마다 혹시라도 갑작스러운 펀치를 날려 배를 가격할까 봐 배에 힘을 주고는 했다. (물론 나는 24시간 안에 그 아이가 믿음을 가질 수는 있어도 하룻밤 사이에 완전하게 성화된 모습으로 살아갈 수 없다는 것을 안다.) 그런데 케빈이 팔찌나 지압대를 이용해서 내 팔의 혈류를 막을 것이라 생각하는 그 순간 나는 그 아이의 태도가 바뀌었다는 것을 알 수 있었다.

"이 팔찌가 뭘 의미하는지 알아요?" 케빈이 물었다. "나를 위해 기도해줘서 고맙다는 뜻이에요."

케빈은 내가 기도를 시작한 지 며칠 만에 예수님을 영접했지만, 예수님을 믿지 않는 내 가족을 위해서 나는 아직도 16년째 기도 중이다. 중요한 것은 우리가 다른 사람의 구원을 위해 기도할 때 하나님의 일하심을 믿고 기도해야 한다는 것이다.

낙심하지 마라

우리가 추수를 위해 주님께 기도 할 때에는(눅 10:2) 낙심하지 말고 기도해야 한다. 때때로 주님이 우리가 바라는 방식과 시간대로 응답하지 않으실지라도 낙심하지 말아야 한다. 예수님은 자기 제자들에게 다음과 같이 가르치셨다. **"항상 기도하고 낙심하지 말아야"** 한다(눅 18:1). 우리는 다른 사람의 구원을 위해 지치지 말고 그에게 복음의 진리를 나누기 위해 기도해야 한다.

언제나 기도하라

바울은 적어도 두 가지 경우에 대해서는 믿는 자들에게 항상 기도하라고 했다(엡 6:18; 살전 5:17). 이러한 명령들은 예수님과 동행하는 삶의 요소인데, 전도에 있어서도 동일하게 적용되는 것들이다. 우리는 살면서 만나는 이들의 구원을 위해 기도해야 한다.

전도를 위한 기도

다음 기도에 대한 네 가지 가르침은 복음 전도에 있어서 기도의 중요성에 대해 명확하게 설명해 준다.

담대함을 위해 기도하라

바울은 에베소에 있는 성도들에게 편지를 쓰며 그가 복음의 비밀을 옳게 말하며 담대히 전할 수 있도록 기도해 달라고 부탁한다(엡 6:18-20). 나는 바울과 같이 믿음 때문에 박해를 받은 적이 없으며, '자주' 담대함이 부족하다고 느낀다. 그러나 나는 담대하게 전하는 자가 되기를 여러 번 기도했고, 주님은 나를 핍박에서 지켜주시며 자연스럽게 전도의 대화를 이어가도록 인도해 주신다.

말씀 전파를 위해 기도하라

예수님 제자로서 우리는 또한 복음이 사람에서 사람으로 빠르고 영광스럽게 전파되도록 기도해야 한다. 바울은 데살로니가에 있는 성도들에게 이것을 요청했다(살후 3:1). 복음이 여러 민족이나 집단에게 빠르게 전파되어 사람들이 예수님을 믿게 되는 것이 무엇보다 중요하다고 여긴 것이다.

구원을 위해 기도하라

웨슬리안/알미니안 관점을 가지고 있든, 개혁주의/칼빈주의 관점을 가지고 있든 우리는 통치자이신 주님께 우리의 영혼 구원을 위해 기도해야 한다. 바울은 자기 동족인 이스라엘이 예수님을 향한 믿음을 가지기를 바랐으며 그들의 구원을 위해 간절히 기도했다(롬 10:1).

기회를 위해 기도하라

우리는 말씀을 전할 기회를 얻기 위해 기도해야 한다(골 4:3).

지난 몇 년간 나는 일상에서 복음 전할 기회를 달라고 기도했다. 주님은 나의 이런 기도를 들으시고 전도의 기회를 여러 번 허락해 주셨다. 나는 이 사명에 충실하려 한 적도 있었고 그렇지 못한 적도 있었다. 가끔은 낯선 이에게, 어떤 때는 가족, 친구, 이웃들에게 복음을 전하였다. 심지어 주님은 몰몬교 신도나 여호와 증인에게도 복음을 나누도록 인도하셨다.

우리는 주님이 주시는 '전도의 기회'가 매일 삶에서 일어나도록 기도해야 한다. 우리는 매일 전도의 기회를 위해 기도하고 "전도의 눈"을 뜨고 주님이 제공하시는 기회에 동참해야 한다.

🍂 고려해야 할 질문들

- 기도와 관련된 여덟 가지 항목 중에 어떠한 부분이 당신의 일상적인 기도 생활에 필요하다고 생각하는가?
- 당신은 하나님께서 만물을 통치하심에도 우리가 다른 사람들의 구원을 위해 기도해야 한다는 성경의 가르침이 낯설게 느껴지는가? 그렇다면 당신의 생각을 말해 보라.

제17장
전도의 은사가 따로 있나?

항상 그랬듯 마크는 로베르토와의 만남을 기다리고 있었다. 이번 만남에는 사촌 샘과 추수감사절 때 나눈 대화에 대해 나누고 싶었다. 샘은 신앙심이 있었고 마크와 마찬가지로 구원의 확신을 가지고 있었다. 하지만 그들의 대화 주제가 전도로 이어지면 샘은 더 이상 이 주제에 관심을 보이지 않았다.

마크는 평소대로 주문을 하고 로베르토와 앉았다. "지난주에 재미있는 만남이 있었어요"

"들어봅시다," 로베르토는 말했다.

"필라델피아에 사는 친척과 얘기를 했어요. 지난주에 우리가 어떻게 복음에 대해 이야기하게 되었는가 말해줬죠. 그런데 그는 일상에서 의식적으로 자기 믿음에 대해 얘기하는 것을 달갑지 않아 했어요. 전도는 전도의 은사를 가진 사람들만 해야 한다고 믿고 있더라구요! 자기는 전도의 은사가 없다는 거예요."

"그래요!" 로베르토가 말했다. 그는 커피를 식히기 위해 불고 있었다. "재밌겠는데요, 한 번 얘기해 볼까요? 전에도 이런 논의를 한 적이 있었는데, 물론 전도를 강하게 거부한 것은 아니었지만요."

"생각해 보니, 저도 없어요." 마크는 말했다.

"뭐가 없죠?" 로베르토는 걱정스럽게 물었다.

"전도에 대한 은사, 저도 그 은사가 없는 걸요."

"누가 전도에 대한 은사가 있다고 했나요?"

"그게, 우리가 작년에 교회에서 받아 온 영적 은사 목록에 전도에 대한 은사가 있었잖아요. 전 없더라고요."

"마크," 로베르토는 퉁명스럽게 말했다. "두 가지만 설명할게요. 첫째, 그런 목록은 1세기 개념에 현대적 정의를 입혀 만들어 낸 거예요. 우리는 그런 현대적 도구들을 적절하게 사용해야 해요. 은사를 받았는지 이해하는 적절한 방법은, 그리스도 안에서 한 몸을 구성하는가를 확인하는 거예요. 즉, 다른 이들을 섬길 수 있게 주시는 은사는 성령님과 다른 형제, 자매들에게서 확증된다는 거죠. 둘째, 전도에 재능이 있다는 명확한 성경 구절은 없어요."

"예수님이 혹은 사도로, 혹은 선지자로, 혹은 복음 전도자로, 혹은 목사와 교사로 부르셨다는 성경 구절은 뭐죠?" 마크가 물었다.

"에베소서 4장을 말하는군요," 로베르토가 말했다. 그는 성경책을 열었다. "자, 한번 봅시다."

나는 오랜 시간 동안 많은 사람들이 전도의 은사에 주목하는 것을 보았다. 나도 영적 은사 목록에 전도가 기재되어 있는 것을 본 적이 있고 다른 이들에 비해 내가 이 분야에서 높은 점수를 받고 있다는 것을 알게 되었다. 즉, 시험을 보니 나에게 "은사가 있다"고 알게 된 것과 같다.

과연 그러한 은사가 존재할까? 은사 목록이 누군가에게 어떠한 은사가 있다고 말해 주는 도구가 될 수 있을까? 성경에는 전도에 대한 은사가 있다고 명시하는 곳이 없다. 영적 은사 목록에서 전도는 하나의 은사로 나타나지 않는다(롬 12:3-8; 고전 12, 14; 벧전 4:10-11).

말씀은 뭐라고 말씀하고 있을까? "전도자"(evangelist)라는 말은 성경에서 세 번 사용된다. 누가는 **사도행전 21:8**에서 빌립을 전도자로 소개하고 있고, 바울은 이 단어를 두 번 사용했다. 첫 번째는 그가 처음 주님 말씀을 인용한 곳에서다. "그가 어떤 사람은 사도로, 어떤 사람은 선지자로, 어떤 사람은 복음 전하는 자로, 어떤 사람은 목사와 교사로 삼으셨으니 이는 성도를 온전하게 하여 봉사의 일을 하게 하며 그리스도의 몸을 세우려 하심이라(엡 4:11-12). 두 번째는 디모데에게 쓴 편지에서 "모든 일에 신중하여 고난을 받으며 전도자의 일을 하며 네 직무를 다하라" 라고 말하는 부분이다(딤후 4:5).

우리는 이러한 문헌들을 어떻게 참고해야 할까?

> **KEY POINT**
> 모든 믿는 자들은 은사에 상관없이 전도 사역을 감당해야 한다.

교회에 주신 은사는 지도력이었다

에베소서의 말씀을 주의 깊게 살펴보면 예수님은 전도자를 보내어 기독교 초기 공동체를 구성하셨음을 알 수 있다. 복음 전도자들이 교회에 대한 선물이었다는 것은 분명하지만, 우리는 이 구절을 통해 목사나 사도의 은사와 같이 전도가 은사의 한 영역이었음을 추론할 만한 확실한 근거를 발견하지 못한다.

예언과 가르침은 다른 곳들에서 은사로 기록되어 있다. 여기에 기초해 볼 때 사도의 일을 하는 은사, 목회자의 일을 하는 은사, 전도의 은사가 있을 수는 있겠으나, 공정하게 말하자면 예언과 가르침의 은사는 분명한 성경적 직분을 나타내지 않는 다른 은사들을 언급하는 구절에서도 함께 언급되고 있다(예를 들어 섬김, 권면, 구제 등의 은사).

전도가 은사 중 하나라면, 나는 전도자가 누구보다도 많은 은사를 받은 사람일 것이라는 점에 동의한다. 하지만 그러한 생각은 흥미롭기는 하지만 추측에 불과하다. 전도의 은사에 대한 강력한 근거로 성경이 제공하는 정보가 충분하지 않다.

그러므로 에베소서 4:11-12에서 얻을 수 있는 중요한 교훈은, 전도자에게는 교회를 성장시킬 수 있도록 예수의 제자를 준비시킬 중요한 책임이 있다는 것이다. 많은 전도자가 있었지만 빌립만이 거론되었다(행 21:8). 빌립의 행동이 모든 전도자들을 대표하는 것이라면, 우리는 그들이 전도와 교회 개척에 관여했다는 것을 사도행전 8장을 통해 알 수 있다.

선교는 전도를 포함한다

바울은 디모데에게 에베소 교회를 세우기 위해 교회의 충성된 자들이 또 다른 사람을 가르칠 수 있도록 준비시키라고 말하였다(딤후 2:2). 에베소 교회는 이미 장로들을 준비시켰다(행 20:17). 디모데에게 그곳은 마지막 목회지가 아니고 아직 끝나지 않은 사명을 완성해야 하는 곳이었다. 바울은 에베소에 있는 동안 전도자로 일하라고 디모데에게 권면했다. 이것은 믿지 않는 자들에게 좋은 소식을 전하는 일과 전도를 위해 교회를 준비시키는 사역을 포함한다.

모든 믿는 자들은 복음을 전해야 한다

모든 믿는 자들은 은사에 상관없이 전도 사역을 감당해야 한다. 모든 성도가 전도자로 부름 받은 것은 아니다(모든 이들이 사도, 예언자, 목사나 선생님으로 부름을 받지 않은 것과 같다). 분명한 사실은 그리스도 안에 있는 모든 이는 부활하신 예수님에 대해 전해야 한다는 것이다. 우리는 다른 사람에게 축복이 되고(창 12:1-3), 모든 민족을 제자 삼고(마 28:19), 회개와 용서를 설교하고(눅 24:47), 그의 증인이 되어(행 1:8) 그의 영광을 선포하기 위해(벧전 2:9) 하나님의 가족이 되었다.

만약 내가 틀렸다면 어떻게 해야 하나?

다르게 접근해 보자. 내가 틀렸다고 가정하고, 전도에 대한 은사가 있다고 생각해 보자. 그것이 우리가 마크의 친척이나 그가 다니는 교회에 있는 사람들처럼 반응해도 된다는 것을 뜻하는 것일까?

내가 신학교를 다닐 때 어떤 교수님이 수업 시간에 자신의 영적 은사 목록을 평가해 보면 '제로'에 가깝게 나타난다고 했다(평가가 맞다고 가정했을 때). 이 교수님에 대해 부정적인 생각을 갖기 전에 그분에 대한 전체 얘기를 한번 들어보아야 한다. 그분이 자비에 대한 은사가 없다고 말씀하셨지만(은사 테스트가 정확하다고 가정했을 때), 내 기억에 그분은 주위 사람들에게서 예수님을 따르는 사람이라 인정받고, 자비롭다고 여겨지는 분이었다. 아니, 정말 자비로웠다!

전도의 은사가 존재하지만 우리에게는 그 은사가 없다고 해서 다른 사람들과 복음을 나누지 않아도 될까? 당연히 아니다! 예수님을 따르는 이들로서 우리가 기부의 은사가 없다고 해서 기부하는 일에서 면제된다 할 수 있을까? 성령께서 도움의 은사를 주시지 않았다면서 누군가를 돕지 않아도 될까? 모든 성도가 목양하는 목사로 부르심을 받은 것은 아니나, 우리 모두 다른 형제, 자매들이 예수님 안에서 자라도록 목양하고 가르쳐야 할 때가 있다. 이와 같이 우리에게 다른 이들을 향해 그리스도에 대해 말할 기회가 생긴다면, 성령님은 우리가 효과적으로 전도할 수 있게 도와주실 것이다.

🌰 고려해야 할 질문들

- 당신은 전도의 은사가 있다고 생각하는가? 성경에서 그 근거를 발견할 수 있었나?
- 전도의 은사에 대한 이해가 당신의 전도에 어떤 영향을 주었나?

제18장
생활 전도란 무엇인가?

"영적 은사에 대한 제 사촌의 생각을 무너뜨리셨네요."

"저는 그와 겨루지 않았어요," 로베르토는 가벼운 웃음으로 말했다. "살짝 꾸짖었을 뿐이죠."

"그랬군요." 마크는 답했다. "아무튼, 오늘 우리가 다른 이들의 신앙에 대해 생각해 봤는데, 하나만 더 얘기해 봐요." 마크가 말했다.

"우리가 누군가에 대해 험담하는 건 아니죠?" 로베르토가 말했다.

"그럼요. 또 다른 얘기가 있어요. 최근 수업 시간에 만난 한 남자가 있는데, 자신이 기독교인이라고 말하면서도 제가 예수님에 대해 다른 사람과 얘기하는 것을 부정적으로 여기더라고요. 그게 사람들 기분을 상하게 하는 일이래요! 자기가 하는 방식은…."

"네, 생활 전도요."

"맞아요! 그거예요. 그게 뭐죠?"

"당신이 어떤 사람을 말하느냐에 따라 다른데요," 로베르토가 말했다. "어떤 사람들에게는 생활 전도가 복음을 전하기 위해 모든 신자들이 하는 모든 일을 포함해요. 다른 사람들에게 그건, 우리가 다른 이들 앞에서 바르게 살면 언젠가 사람들이 왜 우리에게 그렇게 사는지 물을 거고, 그러면 우리는 복음에 대해 설명할 수 있다는 개념이에요. 어떤 사람들은 다른 극단적인 견해를 보이는데요. 복음은 전하지 않고 다른 이들 앞에 바른 그리스도인으로 살아가는 것이 세상에 대한 증인의 역할을 하는 데 충분하다고 보는 거죠. 제가 생각할 때 마크가 말하는 그 남자는 다른 이들에게 복음에 대해 말하지 않는 유형 같아 보이네요."

"그런데 만일 그것이 전도라면, 그 정의 상 복음 전달을 포함해야 맞는 거 아닌가요?"

"당신도 그렇게 생각하는군요. 그렇지만 어떤 이들은 전도를 단순히 '생활 전도,' 즉 다른 이들에게 복음을 전달하지 않고 그저 올바르게 사는 것이라고 생각해요." 로베르토는 대답했다.

마크는 떨리는 목소리로 물었다. "올바른 삶은 산다는 것은 나쁜 것 같지 않은데요. 예수님도 마태복음 5:16에 "이같이 너희 빛이 사람 앞에 비치게 하여 그들로 너희 착한 행실을 보고 하늘에 계신 너희 아버지께 영광을 돌리게 하라"고 말씀하셨잖아요. 저는 그 사람이 무슨 말을 하려고 하는지 어느 정도는 알 것 같아요. 그는 문제를 일으키지 않고 다른 사람보다 먼저 올바른 삶을 살고 싶은 거예요. 그런데 그가 말한 것 중에 걸리는 부분이 있어요…. 솔직히 좀 혼란스러운데, 베드로는 우리가 가진 소망에 대해서 말할 준비가 되어 있어야 한다고 말하지 않았나요? 그리고 믿지 않는 남편이 있는 부인들에게 그들의 남편이 주님 앞에 나오도록 올바른 삶을 살라고 말했던 걸로 기억해요."

로베르토는 마크의 좌절감을 느꼈다. "그럼 생활 전도에 대해 성경이 어떻게 얘기하는지 한 번 봅시다." 그는 차분하게 말했다.

> **KEY POINT**
> 우리의 행동과 말은 진정한 의미의 성경적 생활 전도와 분리될 수 없다.

마크는 자기 학우가 전도가 예수님을 따르지 않는 사람들 앞에서 올바른 삶을 보여주는 것인지, 의사소통을 통해 다른 사람에게 예수님을 전하는 것인지 양극화하여 생각했던 그 상황에 놓인 자신을 발견했다. 그러나 성경은 전도는 그 두 요소가 연결되어 완성된다고 설명한다. 메시지와 전하는 이가 연결되어 있으며 전하는 이의 행동과 태도는 우리가 전하는 메시지에 영향을 미친다는 것이다.

예수님을 따르는 이의 삶의 모습은 매우 중요하다. 예수님은 "주여 주여 하는 자마다 다 천국에 들어갈 것이 아니요 다만 하늘에 계신 내 아버지의 뜻대로 행하는 자라야 들어가리라"고 말씀하셨다(마 7:21). 바울은 우리가 예수님을 주님으로 영접한 것 같이 우리는 "그 안에서 행하되"라고 말한다(골 2:6). 주님을 믿는다고 말하나 삶에서 그대로 살기를 거부한다면 우리는 위선자이다. 불신자들 앞에서 신앙인으로서 삶을 사는 것은 전도의 중요한 요소가 된다. 오늘날 사람들은 과거 세대에 비해 우리가 진리라고 주장하는 말들이 진정으로 우리 삶을 이끌어 가는지에 더 주목한다. 그들은 종교 지도자들의 이중적인 모습, 즉 말하고 행동하는 것이 다르다는 사실에 지쳐 있다.

그러나 어떤 이들은 생활 전도의 개념을 왜곡하여 사람들 앞에서 올바른 삶을 사는 것이 그들을 하나님 나라에 들어가게 하는 데 충분하다고 말하거나, 믿음에 대해 질문하는 대신 올바른 삶을 살면 된다고 얘기한다. 어떤 이들은 마크처럼 물을 것이다. "예수께서 너희 빛이 사람 앞에 비치게 하여 그들로 너희 착한 행실을 보고 하늘에 계신 너희 아버지께 영광을 돌리게 하라고 말씀하시지 않았느냐. 그래서 나는 다른 사람들 앞에서 그리스도를 닮아가는 삶을 살 것이고 그들은 내게 무엇이 네가 구별되게 사느냐 묻는다면 나는 그들에게 예수님에 대해 말할 것이다." 그런데 복음 전도가 단지 남들이 보기에 올바른 삶을 사는 것이라고 하기에는 적어도 세 가지 문제점이 나타난다.

대개의 경우 우리에게는 충분한 시간이 없다

성경을 자세히 살펴보면 예수님의 제자들은 그리스도인으로서 삶의 모범을 보여주며 사람들을 이끌어 갈 시간적 여력이 없었다. 사도행전에 이와 관련한 예가 나타나 있다. 빌립은 에티오피아인들과 처음 만났을 때 복음을 전했다(행 8:26-40). 베드로는 고넬료를 만났을 때 고넬료와 그의 가족 모두에게 말씀을 전했다(행 10). 바울과 교회 개척팀은 대부분 도시들에 매우 짧게 머무르며 전도했다. 그들은 모범적인 삶을 보고 질문하려는 자들을 기다리지 않고 들으려는 자들에게 바로 말씀을 전했다.

이 책 앞부분에서 살펴본 구절들로 미루어 보면 바울은 로마의 믿는 자들에게 편지를 쓰며 "그런즉 그들이 믿지 아니하는 이를 어찌 부르리요 듣지도 못한 이를 어찌 믿으리요 전파하는 자가 없이 어찌 들으리요"라고 적었다. 이러한 구절은 다른 사람에게 좋은 소식을 전하는 일의 중요성을 드러낸다. 그리고 바울은 믿지 않는 이들이 예수님에 대한 진리를 들음으로 믿음에 이르게 된다고 말하고 있다(롬 10: 14-17).

예수님은 말씀을 사용하셨다

생활 전도의 두 번째 문제는 예수님이 "말 없는 전도" 방법을 사용하지 않으셨다는 것이다. 예수님은 항상 말씀으로 회개를 촉구하시고 복음을 믿게 하심으로 하나님께 영광을 돌리셨다. 성경에는 이와 관련된 다양한 예시가 존재하는데, 그중 하나가 마가복음 첫 부분에 나타난다. 예수님은 설교하시고, 말씀을 전하시며, 악마를 쫓아내고, 다른 사람들을 도우셨다(막 1:39). 어떤 사람이든 복음에 대한 한마디 언급 없이 사람들 앞에서 완벽한 삶을 살아갈 수 있다면, 그 사람에게서는 죄를 발견할 수 없을 것이다. 그러나 예수님께서도 돌아가실 때까지 선행을 행하시고 말씀으로 복음을 전하셨다 (가끔 다른 사람들을 불편하게 하시는 말씀을 전하기도 하셨다).

사람들이 항상 질문하는 것은 아니다

생활 전도를 이해할 때 '말 없는 전도'가 하나님 나라를 확장하는 데 유익하지 않은 세 번째 이유는, 어떤 이들은 "왜 너는 다르지?" 또는 "너는 무엇을 믿지?"라고 묻지 않는다는 데에 있다. 나는 지난 몇 년간 내 삶에서 이것이 사실이라는 것을 깨달았다. 사람들 대부분은 이러한 질문을 하려고 나에게 다가오지 않는다.

그러나 마크는 베드로의 가르침, 즉 우리가 가진 소망에 대해 말할 준비가 되어 있어야 한다는 것과, 믿지 않는 남편이 있는 부인들에게 그들의 남편이 주님 앞에 나오도록 올바른 삶을 살아야 한다고 말한 구절을 언급하며 이러한 구절을 어떻게 이해해야 할지 물었다.

베드로는 첫 편지에서 이렇게 말하고 있다. "너희 마음에 그리스도를 주로 삼아 거룩하게 하고 너희 속에 있는 소망에 관한 이유를 묻는 자에게는 대답할 것을 항상 준비하되 온유와 두려움으로 하고 선한 양심을 가지라 이는 그리스도 안에 있는 너희의 선행을 욕하는 자들로 그 비방하는 일에 부끄러움을 당하게 하려 함이라"(벧전 3:15-16). 베드로는 우리가 질문을 받을 때까지 말하지 말고 침묵하라고 권했나? 당연히 아니다. 우리는 성경 전체가 이 가르침을 이해하도록 뒷받침하고 있다는 것을 기억해야 한다. 즉 우리가 이

장에서 보았듯이, 다른 많은 성경 구절들이 우리가 선한 행동보다 구두로 복음을 전해야 한다고 말하고 있다는 것이다.

또한 우리는 베드로가 쓰는 글의 문맥을 잘 이해해야 한다. 그가 언급한 이들은 믿음을 위해 박해를 감내하는 이들이었다. 베드로전서 3장에서 볼 수 있듯, 베드로는 박해의 날이 오더라도 그리스도 안에 있는 소망을 나눌 수 있도록 항상 준비하기를 독자들에게 권면하고 있다(14절).

베드로는 "아내들아 이와 같이 자기 남편에게 순종하라 이는 혹 말씀을 순종하지 않는 자라도 말로 말미암지 않고 그 아내의 행실로 말미암아 구원을 받게 하려 함이니 너희의 두려워하며 정결한 행실을 봄이라"고 했다(벧전 3:1-2). 다시 말하지만, 문맥과 몇 구절 뒤에 베드로가 독자들에게 구두로 복음을 전하라고 말하는 것을 기억하면, 여기서 그는 우리와 가까운 이들에게 어떻게 전도할지 그 원리를 설명해 주고 있다는 것을 알 수 있다. 믿지 않는 남편들은 날마다 믿음의 아내들과 함께 있을 것이기에 예수님에 대한 아내들의 말이 그들의 삶과 일치하는지 볼 것이다. 성경은 신자들에게 믿지 않는 이들과 "멍에를 함께 매지 말라"고 훈계하고 있기 때문에, 이 여성들은 결혼 후 어느 정도의 시간이 지난 후에 예수를 믿게 되었을 가능성이 높다(고후 6:14). 그러므로 이 남편들은 변화된 삶의 방식, 믿음으로 사는 모습을 통해 도전을 받았을 것이다. 믿음의 아내들은 남편과의 모든 대화 중에 복음의 내용을 언급하지는 않았을 테지만 은연중에 복음을 전하려는 분명한 태도를 취했을 것이다. 즉 그들은 거룩하지 않은 남편들 앞에서 경건한 아내로 살아야 했다.

진정한 생활 전도란 믿지 않는 이들이 우리에게 예수님에 대해 질문을 하든지 그러지 않든 간에, 그들을 위해 영적인 삶을 살고 의식적으로 복음을 나누기도 하며 그들 앞에서 예수님과 같은 삶을 사는 것을 의미한다. 우리의 행동과 말은 진정한 의미의 성경적 생활 전도와 분리될 수 없다. 우리가 믿지 않는 이들에게 예수님과 관련한 이야기를 듣게 하거나 논하도록 강요할 수는 없지만, 우리는 예수님의 좋은 소식을 그들과 나누려고 노력할 의무가 있다.

🍂 고려해야 할 질문들

- 당신은 "메시지와 메신저가 밀접하게 관련되어 있다"는 말에 대해 어떻게 생각하는가?
- 당신의 삶에 효과적인 복음 전도를 방해하는 요소가 있는가? 그렇다면 당신은 주님께 그러한 행위에서 돌아서도록 힘과 능력을 구하겠는가?
- 당신은 생활 전도에서 행동으로만은 충분하지 않다는 의견에 동의하는가? 또한 말만으로도 충분하지 않다는 의견에 동의하는가?

제19장
전도할 때 무엇을 전해야 하나?

겨울이 일찍 다가오면서, 마크는 휴일에 가족, 친지들과 집에서 함께하기를 기대하고 있었다. 그는 가족 모임에서 복음에 대해 나눌 내용을 고민하고 있었고, 오늘 저녁 로베르토와 만나서 그 내용을 정리하고자 했다.

빈스에 들어서자 마크는 로베르토를 응시하고는 주문을 했다. "휴우," 그는 장갑을 벗으면서 중얼거렸다.

"추워요?" 로베르토는 웃었다. "크리스마스가 기대되나요?"

"당연하죠. 전 이 시기가 너무 좋아요."

그들은 몇 분 동안 각자 한 주간의 생활과 다가올 한 주의 계획에 대해 얘기를 나누었다. 그리고 마크는 이야기를 다시 시작해도 될지 물었다. "저는 전도 대상자와 만나서 정확하게 무슨 말을 해야 할지 알고 싶어요."

모든 사람과 상황이 다르기에 모든 만남은 고유하다. 나는 다른 사람과 믿음을 나누는 다양한 방법을 배우는 것을 좋아한다. 그러나 하나로 규격화된 방식에 갇히는 것은 좋아하지 않는다. 나는 목수의 공구 벨트에 있는 다른 도구들처럼 복음을 공유할 만한 다양한 방법들을 생각해 본다. 톱이 유용하기는 하지만 널빤지에 못을 박을 때는 망치가 더 좋은 것처럼 말이다. 당신은 톱으로 못을 박을 수는 있지만 쉽지 않을 것이다. 좋은 조각가는 다양한 도구를 상황에 따라 어떻게 사용할지를 안다.

> **KEY POINT**
> 당신이 전도하려는 사람은 예수님께 오기 전에 당신의 삶에 대해 들을 필요가 있다.

이와 같이 여러 훌륭한 도구들이 전도를 위해 존재한다. 그러나 우리는 모든 방법이 특정한 성격, 재능, 열정을 가진 개인에 의해 독특한 맥락에서 개발되었다는 것을 깨달아야 한다. 그들의 경험을 듣고 배워라. 그러나 하나님이 당신에게 주신 성향이나 재능에 맞지 않는 일에 매달리지는 말기를 바란다. 당신이 전도에 사용하는 방법들은 당신이 다른 사람들과 복음을 나눌 때 편안하고 자신감을 북돋아 주는 것이어야 한다.

복음의 메시지는 변하지 않으나 복음을 전하는 방식은 상황에 따라 달리할 수 있다. 나는 신약 성경에서 예수님과 사도들이 특정한 한 가지 방법만을 사용해 복음을 증거한 예를 본 적이 없다. 그들에게 노래는 그대로였지만, 그 노래를 연주하는 악기는 청중에 따라 달라졌다.

개인별로 전도 방식이 다르더라도, 적어도 세 가지는 꼭 나누기를 권장한다: 개인 구원 간증, 복음 메시지, 그리고 도전하는 것. 당신이 누군가와 복음을 나눌 만한 충분한 시간이 있을 때도 있지만, 어떤 상황에서는 몇 분밖에 없을 수도 있다.

개인 구원 간증

당신이 전도하려는 사람은 예수님께 오기 전에 당신의 삶에 대해 들을 필요가 있다. 당신이 어떻게 예수님을 믿게 되었고, 예수님을 믿고 당신의 삶이 어떻게 변했는지를 말이다. 이것은 바울이 아그립바 왕에게 말할 때 사용한 방법이라고 사도행전 26장에 기록되어 있다. 몇몇은 복음 메시지를 부인할 수도 있지만, 대개는 당신의 개인적인 이야기를 거부하지 않을 것이다. 오늘날 사람들은 실제 경험을 듣고 싶어하고, 특히 초자연적인 것에 관련된 이야기를 듣고 싶어한다. 사람들에게 진실은 다소 사회적으로 구성되는 경우가 많기에, 예수님과 당신의 개인적인 만남은 그들에게 흥미를 유발시키는 강력한 증거가 될 것이다.

복음의 메시지

우리가 나누는 모든 이야기가 중요하지만, 가장 중요한 이야기는 복음이다. 이 이야기는 구원의 믿음을 가져올 하나님의 능력이다(롬 1:16-17). 예수님의 죽음과 부활에 대한 메시지는 오늘날 사람들의

필요를 설명해 준다. (제2장 참조)

도전

우리는 청중에게 특정한 방식으로 반응하도록 요청할 필요가 있다. 우리가 모든 상황에서 복음을 제시하고, 회개를 구하고, 예수님에 대한 믿음으로 이끌 수는 없지만, 결국은 도전을 주는 것으로 마무리해야 한다. 이것은 우리가 전도 대상자들에게 성경이나 전도 책자를 읽도록 권하거나, 목사님과 상담하도록 하거나, 복음주의 웹사이트를 확인해 보라고 하는 방식이 될 것이다.

🧠 고려해야 할 질문들

- 당신은 개인 전도를 실천해 본 적이 있는가? 만약 없다면, 개인 전도에 관한 시도를 해 보겠는가?
- 당신은 개인 구원 간증이 전도에 유용한 도구라고 생각하는가? 이유가 무엇인가?
- 예수님께서 니고데모(요 3), 사마리아 여인(요 4), 그리고 귀신들린 사람(막 5:1-20)과 대화하신 방법들의 유사점은 무엇인가? 차이점은 무엇인가?

제20장
전도할 마음이 들지 않아도 전해야 하나?

"걱정되는 게 있어요." 마크는 에스프레소를 홀짝이며 말했다.

"무슨 일이죠?"

"제 믿음을 나누는 일에 대한 열정이 수그러들 때가 있어요. 솔직히 말하자면 가끔 예수님에 대해서 얘기하고 싶지 않아요. 그냥 그러기 싫어져요." 마크는 혼란스러웠다. "저 왜 그러죠?"

"나니아 연대기에서 한 구절 빌리자면 당신은 아담의 아들이에요."

"네?" 마크는 상기된 채로 물었다.

"책 있잖아요, C. S. 루이스…. 엄청난 영화…."

"책은 알아요. 아담의 아들이 무슨 말이죠?"

로베르토는 웃으며 의자에 다시 앉았다. "당신은 인간이에요. 우리 모두 감정에 휘둘리죠."

"근데 사람들이 복음 전도하는 모습을 보면 열정적으로 말하더라고요. 그 열정은 전염성이 있어서, 저도 때로는 그 열정을 원하지만 항상 그러지는 못하겠더라고요."

"마크, 바리스타를 한 번 봐요." 로베르토가 계산대를 보았다.

"재즈맨 존스를 말하는 건가요?"

"재즈맨이라고 불러요?"

"모두가 그래요. 그의 본명은 데이브 존스예요. 그는 마일즈 데이비스와 스탠리 조던 팬이죠. 그가 일할 때마다 가게에 재즈 음악을 틀어 놓는 거 몰랐어요? 아무튼…. 말씀하세요."

"재즈맨 봐요. 그는 매일 일하고 싶어서 나오는 것 같나요?"

"절대 아니죠. 자주 얘기해서 아는데, 그는 21세기를 사는 의예과 학생이지만 몸은 1960년대 진정한 히피에요."

"의예과! 의예과예요? 말도 안 돼!" 로베르토는 놀란 듯이 물었다.

"겉만 보고 판단하지 마세요." 마크는 웃으며 말했다.

"레게머리나 타투, 피어싱을 보고도 말이죠?" 로베르토는 풍자적으로 말했다. "그래요, 제가 말씀드리려는 것은, 인생은 항상 기분에 따라 좌우되는 게 아니라는 거예요. 사람들은 일하기 싫어도 일하러 와요. 우리는 청구서에 돈을 내고 싶지 않아도 내야 해요. 우리 믿음도 마찬가지예요. 우리는 예수님을 따르고요."

"원하지 않을 때도 그렇죠."

"맞아요." 로베르토는 대답했다. "당신에게 격려와 도움이 될 만한 성경 구절들을 같이 한 번 봅시다."

감정은 흥미롭다. 도움이 될 때도 있지만 기만적이기도 하다. 나는 마크가 로베르토에게 한 설명을 반복할 수 있다. 나도 가끔 다른 이들에게 복음을 나누고 싶지 않을 때가 있다. 나는 전도학 박사 학위도 있고 전도학 수업을 맡아서 가르치는데도 말이다! 이렇게 느끼면 안 되는 걸까? 이 문제는 우리의 육체가 정신과 싸우고 있는 중이라는 것을 보여준다. 우리가 무엇을 해야 하는지 알고, 하지 말아야 한다는 것도 알 수 있어야 한다(롬 7:15-25). 그러나 좋은 소식은, 우리가 주님께 은혜를 입었다는 사실이다. 우리는 바울이라는 본보기를 통해 용기를 얻을 수 있다. "오호라 나는 곤고한 사람이로다 이 사망의 몸에서 누가 나를 건져내랴 우리 주 예수 그리스도로 말미암아 하나님께 감사하리로다 그런즉 내 자신이 마음으로는 하나님의 법을 육신으로는 죄의 법을 섬기노라"(24-25절).

> **KEY POINT**
> 주님은 감정이 아닌 충성됨으로 섬겨야 한다.

나는 미용실 밖 차 안에 앉아서 내 머리를 자르게 될 미용사에게 내 믿음을 전할 수 있도록 힘과 열정을 허락해 달라고 주님께 기도했다. 그러나 솔직히 그때 나는 복음을 나누고 싶은 기분이 아니었다. 신앙의 여정에서 이러한 사건이 단 한 번이라고 말할 수 있으면 좋겠지만, 그렇지 않다. 나는 수없이 머뭇거렸고 주님이 나에게 바라시는 일에 대한 열정이 부족함을 회개했다. 주님은 자기 자녀들이 마음으로는 주님을 섬기고자 하지만 육체의 욕구는 그것을 방해한다는 것을 아시기에 은혜를 베푸신다는 것을 나는 안다.

그러므로 우리가 평상시에 의식적으로 다른 사람과 내 믿음을 나누는 연습을 하면 그 열정은 종종 실천으로 이어지고는 한다. 내가 개인 전도를 일상적으로 실천할수록 그것은 전도에 대한 더 많은 동기 부여가 된다. 그러나 내가 전도를 생활화하지 않을수록 전도에 대한 동기 부여가 약해짐을 느낀다. 우리가 신앙을 나누는 영적 훈련을 무시하는 것은 영혼에서 열정적인 동기를 제거하는 것이다. 마치 사막에 서 있는 것처럼 말이다.

또한 주님께 충실하다는 것이 우리가 항상 좋은 감정 상태를 유지한다는 것을 의미하지는 않는다. 예수님은 아버지께 항상 신실하셨지만 십자가를 지는 일에는 크게 슬퍼하셨다. 너무 슬퍼서 아버지께 다른 방법이 없는지 물으셨다(막 14:36). 나는 바울이 하나님 나라를 위해 투옥되거나, 돌에 맞고, 구타당하고, 조난당하거나, 뱀에게 물리는 상황에서는 열정적이지 않았을 것이라고 생각한다.

나는 믿음을 나누는 일에 항상 열정적이던 친구 하나를 기억한다. 그는 "당신이 누군가를 전도했을 때 그 사람이 '네'라고 하며 영접하는 기분은 아무도 모를 거야"라고 말하고는 했다. 주님은 나중에 이러한 많은 경험으로 나에게 복 주실 것을 믿는다. 그러나 하늘의 천사들이 기뻐하고 내 친구들이 그들과 함께 행복한 춤을 추는 동안 나는 그곳에 있을지, 없을지 모른다는 생각이 들었다.

주님을 향한 열정은 중요한데, 구약에는 특히 주님에 대한 열정이 나타나는 특별한 사람들의 이야기가 있다. 성령께서는 많은 경우 우리가 주님을 의지하도록 강권적으로 인도하기도 하시지만 때로는 기다리시며 서두르지 않으시기도 한다.

나는 가끔 몸이 좋지 않아서 복음을 전하지 않은 적도 있고, 기분이 좋지 않아서 전도를 포기한 적도 있다. 죄에 빠져 증인의 일을 감당하지 않은 적도 있다. 주님이 바라시는 일을 우리가 하고 싶다는 감정에 이끌려서는 안 된다. 주님은 감정이 아닌 충성됨으로 섬겨야 한다.

🍂 고려해야 할 질문들

- 당신은 감정에 의지해 예수님을 섬기는가? 아니면 당신의 감정과 상관없이 예수님을 섬기는가? 예를 들어보라.
- 전도를 실천한지 오래될수록 전도하는 일이 어렵다고 느껴지는 이유가 무엇이라고 생각하는가? 이러한 경험을 해 본 적이 있는가?

제21장
전도할 때 사람들에게 부담을 주어야 하나?

"로베르토! 항상 감정에 의지할 수 없다는 것을 아는 것은 도움이 돼요," 마크가 말했다. "그렇게 말씀하실 줄 알았어요. 저는 확신이 필요했던 것 뿐이에요. 열정을 갖는 게 쉽지 않아요. 특히 전에 캠퍼스에서 저에게 일어났던 일을 겪는다면 말이죠!"

"무슨 일인데요? 누군가와 말다툼했나요?" 로베르토는 계산대 옆에 걸려 있는 시계를 흘끗 바라봤다. 그는 곧 가야 했다.

"말다툼은 아니에요! 말은 그 여자만 했으니까…. 저도 목청을 높였어야 했을까요? 제가 학교에서 예수님에 대한 생각을 물었을 때 어떤 여학생이 화를 낸 적이 있었어요. 정말이지 저는 그 친구가 그렇게까지 화를 낼 줄은 몰랐어요."

"당신은 뭐라고 말했어요?"

"글쎄요, 제가 그의 신앙에 관해 얘기하자 그는 목회자인 자기 할아버지에 대해 말하기 시작했죠. 감사한 일은, 제가 복음을 전할 때 그런 반응을 보이는 사람이 많지는 않다는 거예요."

"저도 그런 적은 없어요," 로베르토가 말했다.

"그래서 말인데, 복음을 전할 때 다른 사람과 언쟁을 해도 될까요? 있잖아요, 저에게 '그의 빛을 비추게 하라'고 말한 남자 기억나세요? 투사를 만난 것 같았다니까요!"

로베르토는 대답하기 전 잠시 생각에 잠겼다. "마크, 대답하기 전에 이 말부터 할게요. 예수님의 복음을 전할 때 다른 사람을 불편하게 할 필요는 없다고 생각해요. 질문을 좀 바꿔 보면 제가 다른 사람에게 무례하게 굴어도 될까, 하는 거죠. 어떤 이들에게는 복음이 불편할 수도 있다는 것을 기억해야 해요. 그런데, 식초보다 꿀로 더 많은 파리를 잡을 수 있다는 사실을 알고 있나요?"

> **KEY POINT**
> 복음에 직면하게 하라.

나는 우리 대부분이 분명 마크와 로베르토와 같을 것이라고 생각한다. 우리는 상대방의 기분을 상하게 만들고 싶어하지 않는다. 문제를 일으키는 것을 좋아하는 사람은 없을 것이다. 사람들 대부분은 타고 있는 배를 이리저리 흔들고 싶어하지 않는다. 나도 다른 사람이 화나는 것을 원하지 않는다. 그런데 종교, 특히 사람들을 죄의 길에서 돌이키는 믿음의 문제에 대해 이야기하는 것보다 사람들을 더 귀찮게 하는 것이 있을까!

로베르트의 대답은 마크에게 무례한 행동에 대한 중요한 생각들을 불러 일으켰다. 우리는 두 가지를 기억해야 한다. 하나는, 복음에 반응하는 방식이 개인마다 다르다는 것이다. 둘째는, 사람들이 그리스도의 십자가를 적대시한다고 해서 우리도 똑같이 행동하지는 말아야 한다는 것이다.

복음에 직면하게 하라

우리 모두가 복음에 반응하는 방식은 개인별로 다르다는 점을 기억해야 한다. 사도 바울은 "우리는 구원 받는 자들에게나 망하는 자들에게나 하나님 앞에서 그리스도의 향기니 이 사람에게는 사망으로부터 사망에 이르는 냄새요 저 사람에게는 생명으로부터 생명에 이르는 냄새라 누가 이 일을 감당하리요"라고 기록했다(고후 2:15-16). 어떤 이들에게 우리는 기쁨의 향기요, 어떤 이들에게는 죽음의 악취와 같을 것이다. 누구에게는 십자가의 메시지가 "거리끼는 것"이며, 다른 이에게는 "미련한 것"이다(고전 1:23). 또한 바울의 표현에 의하면 "십자가의 걸림돌"이다(갈 5:11). 성령께서 개인의 죄, 의, 심판(요 16:8)에 대해 확신을 주실 때 그들은 하나님 앞에서 죄를 인지하게 되며, 많은 경우 자신들의 좌절감을 다른 이들에게 표출하기도 한다. 그들은 하나님께 화가 나 있었고 때로는 그 분풀이를 복음 전도자에게 하기도 한다. 예를 들어, 분노에 가득 찬 이들은 예수님을 십자가에 못 박았고, 스데반을 돌로 쳐 죽였으며(행 7), 바울을 회당에서 몰아냈다.

어떤 이들은 복음에 대항할 것이라는 사실을 우리는 받아들여야만 한다. 우리는 두려움에 움츠리지 않고 다른 이들과 하나님의 사랑을 나누는 일을 지속해야 한다. 사단이 나 자신을 포함한 많은 이들로 하여금 두려워하게 하고, 실제로 안타깝지만 우리는 거기에 넘어가기도 한다. 우리는 죄에서 돌이켜 주님의 능력을 덧입도록 기도해야 한다. 우리는 하나님이 우리에게 성령님을 보내주셨음을 기억해야 한다. "하나님이 우리에게 주신 것은 두려워하는 마음이 아니요 오직 능력과 사랑과 절제하는 마음이니"(딤후 1:7).

사랑과 온화함, 두려움으로 직면하라

복음 전도 시 직면하는 첫 번째 어려움은 복음이 하나님을 향한 인간의 분노를 드러내기에 사람들이 불편해 한다는 점이다. 두 번째는, 사람들이 종종 우리에게 적대적일 것이라는 점이다. 그러므로 제18장에서 다룬 것처럼 언쟁으로 번지게 하지 말고 베드로가 권면한 것과 같이 온화함과 두려움으로 복음을 전해야 한다(벧전 3:15).

마크가 수업 시간에 여학생과 대화했던 때는 예외적인 상황이었다. 나도 이 문제에 있어서는 마크와 생각이 같다. 나도 오랜 시간 복음을 전하면서 사람들이 내게 화를 내거나 육체적인 위협을 가하는 일을 거의 경험하지는 못하였다. 잠언의 말씀은 맞는 것 같다. "유순한 대답은 분노를 쉬게 하여도 과격한 말은 노를 격동하느니라"(15:1). 우리가 그들에게 예의를 갖추며 다가갈 때 사람들도 대부분 우리를 선의로 대한다는 것을 전도 현장의 경험을 통해 알게 되었다.

우리가 하나님의 진리를 소유할 수는 있으나, 결코 그 지식이 오만과 자부심으로 세상 사람들을 복음 밖으로 밀어내지는 말아야 한다. 격렬한 논쟁으로 복음을 나누며 옳음을 증명하기보다는 대화를 통해 그들이 예수님을 바라보도록 인도해야 한다. 전도자는 인간이 하나님의 모습으로 창조되었고 하나님이 그들을 사랑하시기에 사랑 안에서 진리를 선포하며 존중함으로 그들을 대해야 한다.

전도의 과정은 너무 느긋하거나 긴박하게 이루어지지 말아야 하며 지나치게 고상함을 추구한다거나 술에 취한 채로 접근하는 일이 없어야 한다. 때로 전도자는 예수님이 누가복음 13장에서 논쟁을 벌이셨던 종교 지도자와 같은 독선적인 사람을 만나게 될지도 모른다. 그러나 이러한 긴장된 상황 속에서도 전도자는 사랑과 존중을 통해 진리를 나누도록 노력해야 한다.

내가 가장 좋아하는 커피숍에서 이 장을 쓰고 있는 동안 전에 내 수업을 들었던 학생 하나가 다가와 말을 걸었다. 그때 근처에 서 있던 한 남자가 신학교 수업에 대한 우리 대화를 들었고, 그 학생이 떠난 후 그는 신학 교수인 나의 직업에 관해 질문하기 시작했다. 그는 나의 가르침과 신앙에 대해 물었고 나는 그의 직업에 대해 물었다. 내가 대화 중에 그의 종교에 대해 묻자 그는 *'바하이'라고 대답

* 편집자 주, 바하이: 1863년 시작된 바하울리가 하나님의 약속된 사도로 믿는 신흥 종교

했다. 그가 여러 번 예수님을 언급하고 기억나는 몇 가지 성경 구절을 인용하여 얘기한 후에, 나는 그에게 물었다. "바하이로서 당신이 예수님에 대해 믿는 바에 대해 말씀해 주시겠습니까?" 그는 놀란 반응을 보이며 두 손을 모으고 고개를 숙이며 말했다. "오, 제가 믿는 것을 함께 나누자고 해 주셔서 고맙습니다."

나는 그가 말한 많은 것들에 동의하지 않았지만, 온화하고 두려워하라는 베드로의 말을 적용하면서 예수님에 대한 나의 구원 간증과 복음을 이 사람과 함께 나눌 기회를 가질 수는 있었다. 이 과정에서 그에게 내가 동의하지 않는 부분, 특히 그리스도의 배타성에 대해 분명히 말하면서도 무례하게 행동하지 않으려 노력하였다. 비록 그때 그가 구원의 확신을 가지지는 못했지만, 그는 온화함과 사랑을 가지고 전달되는 복음을 들을 수 있었다.

로베르토는 옳았다. 복음이 어떤 사람들을 불편하게 만들기도 하지만, 우리가 그들을 불편하게 할 필요는 없다는 것을 아는 것이 마크의 질문을 제대로 이해하는 것이다. 복음이 우리의 삶을 변화시켰고 우리가 그것을 나눌 수만 있다면, 우리는 그에 걸맞게 살아야 한다.

🍥 고려해야 할 질문들

- 당신은 복음이 적극적인 행위라는 것과 예수님을 따르는 이들이 무례

하게 행하는 것의 차이를 설명할 수 있는가?

- 당신은 복음을 온화하고 예의바르게 전하는가? 아니면 무례하고 거칠게 전하는가? 예를 들어 보라.
- 당신은 누군가를 불편하게 할까 봐 복음을 전하는 일에 소극적이었던 적이 있었는가? 예를 들어 보라.

제22장
전도할 때 실수하면 어떻게 하나?

"제가 전도할 때 다른 이들을 불편하게 하지 않는다고 해도요," 마크가 말했다. "또 다른 문제가 있어요. 당신은 복음을 전할 때 두려운 적이 없었나요?" 그 질문은 로베르토를 놀라게 했다. 그들은 전에도 이러한 논의를 한 적이 있었다.

"누군가의 생각이나 말에 대한 두려움을 말하는 건가요?"

"아니요, 제 말씀은…, 자신에 대해서 말이에요."

"제 자신이요?"

"복음을 전하면서 실수할까 봐 두려웠던 적은 없나요?"

"아, 글쎄요, 그런 적은 없었던 것 같은데요. 당황했던 적은 있는데, 그때는 상대방의 질문에 어떻게 대답할지 몰랐어요. 왜요? 실수할까 봐 두려운 건가요?"

"네," 마크는 대답했다. "제가 혹시라도 다른 사람과 복음을 나눌 때 실수할까 두려워요."

"어떤 실수를 말하는 거죠?"

"글쎄요, 잘못 설명할 수도 있잖아요."

"예수님이 십자가에 달려 돌아가시지 않았다고 말할 건가요?"

"아니요, 물론 아니죠."

"예수께서 죽음에서 부활하시지 않았다고 말할 건가요?"

"그럴 리가요."

"다른 사람에게 죄에서 돌이키지 말고, 예수님을 따르지 말라고 할 건가요?"

"물론 아니죠."

"그렇다면 무슨 실수를 할 거라 생각하는지 모르겠네요. 진짜 실수는 예수님의 관해 다른 이들에게 말하지 않는 거예요."

복음 전도 중에 발생할 수 있는 실수에 대한 마크의 불안은 다른 많은 전도자들도 경험하는 것이다. 때로는 성경에 대한 충분한 지식이 없다고 염려하며 우리의 말이나 행동 때문에 누군가 하나님의 은혜를 잃거나 지옥에서 영원히 머무르게 될지도 모른다는 두려움에 사로잡히기도 한다.

> **KEY POINT**
> 우리가 믿음을 가지고 예수님이 하신 일과 주님께서 그 사람에게 하실 일을 전한다면, 주님은 우리의 노력을 헛되지 않게 하실 것이다.

이러한 두려움은 전도의 실천을 방해할 수 있다. 너무 많은 잠재적 문제들을 두려워하기에 입을 열어 전하지 못하는 것이다. 실제로 당신이 두려워하고 있다면, 그것들은 불안감이나 죄 때문인지 모른다. 여기 당신이 전도할 때 실수를 저지를 것이라는 두려움에 대처하도록 도움을 주는 몇 가지 고려 사항이 있다.

실수할 가능성은 낮다

당신이 예수님을 필요로 하지 않는다고 누군가에게 말하지 않는 한, 혹은 그에게 좋은 소식을 전하지 않는 한 중대한 실수를 저지를 가능성은 그리 높지 않다는 것을 알아야 한다. 전도는 당신이 개인적으로 경험한 주님을 전하는 일이다. 전도는 다른 이에게 어떻게 풍성한 삶을 살고 영생을 가질 수 있는지를 말하는 것이다.

초대 교회 신자들을 기억하라

오늘날 우리는 성경을 읽거나 접할 수 없었던 1세기 신자들에 비해 예수님의 십자가와 부활, 승천에 대한 더 많은 지식을 가지고 있다. 우리는 그들에 비해 더 많은 은총을 누리고 있다. 그러나 전도에 대한 그들의 열정과 사역에 성령께서 얼마나 크게 역사하셨는지를 기억해야 한다.

하나님의 사랑을 기억하라

하나님께서는 우리가 전도 대상자를 사랑하는 것보다 더 많이 그들을 사랑하신다. 우리가 성령의 인도하심에 복종하며 걸어간다면 주님은 우리의 연약함을 도와 그 사람을 구원하실 것이다. 주님은 우리보다 더 그 사람이 구원받기를 원하신다. 우리가 믿음을 가지고 예수님이 하신 일과 주님께서 그 사람에게 하실 일을 전한다면, 주님은 우리의 노력을 헛되지 않게 하실 것이다.

염려는 죄이다

당신이 전도할 때 실수를 할까 봐 두려워한다면, 그 염려를 죄악으로 고백하고 회개하라. 바울은 말하길 "주께서 가까우시니라 아무 것도 염려하지 말고 다만 모든 일에 기도와 간구로, 너희 구할 것을 감사함으로 하나님께 아뢰라 그리하면 모든 지각에 뛰어난 하나님의 평강이 그리스도 예수 안에서 너희 마음과 생각을 지키시리라"(빌 4:5-7). 주님의 평안은 우리를 풍성하게 한다.

당신이 모든 것을 알 필요는 없다

주님은 우리가 성경에 대한 지식과 이해 속에서 성장하기를 기대하시지만 우리의 한계를 아신다. 누군가 당신에게 질문했을 때 당신이 그 대답을 몰라도 된다. 그 답을 찾아서 나중에 다시 알려주겠다고 말하면 된다. 그러나 잊지 말아야 할 것은, 당신이 만난 예수님을 그 사람에게 전하는 것과 그 사람이 예수님을 만나도록 도와야 한다는 것이다.

🍂 고려해야 할 질문들

- 하나님이 당신보다 잃어버린 사람을 더 사랑한다는 사실을 아는 것이 전도할 때 실수할지도 모른다고 염려하는 당신에게 어떠한 영향을 주는가?
- 전도에 대해 염려했던 일에 대해 회개하는가?

제23장
대답하기 어려운 질문을 받으면 어떻게 해야 하나?

"자, 이제 마지막 질문이네요," 마크는 시계를 보며 말했다. "성경에 대해 많은 것들을 알고 계시네요! 성경 퀴즈 대회에서 당신과 같은 팀이 되면 정말 좋겠어요." "고마워요."

"잠깐, 이건 단순한 칭찬이 아니에요! 어떻게 그렇게 많이 아시죠? 당신은 정말…. 옛날 말로 뭐라고 하더라? 아, 정말 괴짜 범생이 같아요!"하며 웃었다. "농담이에요."

로베르토는 미소를 지었다. "저는 그저 성경을 읽고, 삶에 적용하고, 주님과 동행하는 데에 시간을 많이 할애했고…, 비디오 게임을 하느라 시간을 많이 보내지 않았을 뿐입니다."

"이봐요, 저렴한 가격에 성경 비디오 게임을 다운받을 수 있어요. 성경에 등장하는 인물들을 움직이면서…."

"대단하네요." "정말인데."

"저도 심각하게 말씀드리는 겁니다."

"성경에 대한 당신의 지식은 정말 놀라워요," 마크는 말했다. "모든 질문에 대한 답을 다 알고 계신 것 같아요. 뭐랄까 당신은 성경 척척박사 같아요! 진심으로요!"

"아니요, 전 그 정도는 아니에요. 저도 모르는 게 많아요."

"마치 아담은 배꼽이 있을까 하는 질문 같은 거요? 오늘 나누고 싶은 건 이거예요," 마크는 말했다. "저한테 당신 같은 성경 지식이 없는 상태에서 제 믿음에 대해 누군가와 나눌 때 제가 대답할 수 없는 질문을 받게 되면 어떻게 해야 하나, 하는 것이요."

"그건 아주 간단해요," 로베르토는 무표정하게 답했다. "거짓말하세요." 그는 반응이 나타나길 기다렸다가 말했다, "농담입니다!"

많은 사람들이 복음을 전하는 과정에서 답을 모르는 질문을 받을 때 매우 불안해한다. 나는 주님과 동행하는 삶의 초기에는 모든 신앙의 질문에 답할 수 있다고 생각했다. 무지를 드러내는 것은 주님을 난처하게 만든다고 느꼈고, 사람들의 구원은 내가 예수님의 진리에 대해 얼마나 확신을 가지고 전하는가에 달렸다고 생각했다.

💡 KEY POINT

인생에 있어서 해결할 수 없는 질문이 있다는 사실은 인생의 수수께끼보다 예수님이 더 위대 한 분임을 알게 해 준다.

우리는 하나님이 계시하시는 것을 알기 위해 성경을 연구해야 한다. 그리고 사람들이 묻는 어려운 질문들에 적절하게 답하기 위해 기독교 변증학을 배워야 한다. 성경에 대해 무지하고 질문에 답하는 방법을 잘 모르는 것에는 변명의 여지가 없지만, 그 누구도 성경의 질문에 대한 답을 모두 알 수 없다는 사실은 인정해야 한다.

그렇다면 누군가 답하기 어려운 질문을 했을 때 어떻게 해야 하는가? 단순히 "모른다"고 대답하라. 앎에서 나오는 말의 중요성을 살펴보려면 성경에서 말하는 다음의 진리들을 고려해야 한다:

> "무릇 슬기로운 자는 지식으로 행하거니와 미련한 자는 자기의 미련한 것을 나타내느니라" (잠 13:16)
>
> "네가 말이 조급한 사람을 보느냐 그보다 미련한 자에게 오히려 희망이 있느니라" (잠 29:20)
>
> "지식 없는 소원은 선하지 못하고 발이 급한 사람은 잘못 가느니라" (잠 19:2)

개인 전도에 대해 당신을 자유롭게 해 줄 말이 있다: "하나님은 우리가 그분의 보호자나 변호인이 되기를 요구하지 않으신다." 하나님은 스스로를 돌보실 수 있을 만큼 크신 분이다. 그러므로 당신이 답할 수 없는 질문을 받을 경우 당황하지 말라. "아주 좋은 질문이네요. 지금 당장 답할 수는 없지만 한 번 알아보겠습니다. 나중에 다시 그 질문에 대해 이야기합시다." 이렇게 단순하게 말하라.

답하기 어려운 질문에 이러한 태도로 답한다면 전도할 때 중요한 네 가지 가치를 나눌 수 있다: 정직, 겸손, 진심, 그리고 관계.

정직

모르는 것을 인정하면 정직함을 보여줄 수 있다. 당신은 어떤 것을 잘 알고 있는 것처럼 보이기 위해 거짓말할 수 있다. 하지만 무지를 인정하면 당신이 모든 것을 아는 사람이 아니며 또한 그 질문이 중요하다는 점을 보여주게 된다.

내 집 주방에서 어떤 남자에게 복음을 나눈 적이 있다. 그는 주택보안 시스템을 설치하기 위해 내 집을 방문했다. 정확히 언제 그에게 복음을 전할 기회를 주님이 열어 주셨는지 생각나지 않지만, 그의 질문은 확실히 기억한다. 예수님, 죄, 구원과 하나님에 대해 이야기를 나눈 후에, 그는 이렇게 물었다. "J. D., 질문이 있어요. 성경은 왜 다른 행성들의 생명체에 대해 말하고 있지 않지요?"

사실 그것은 예수님에 관한 이야기를 나눈 후 묻는 일반적인 질문은 아니었다! 그러나 나는 이 사람이 진심으로 답을 알기 위해 질문했을 것이라고 생각했다.

나는 그에게 이렇게 대답했다. "아! 재밌는 질문이네요. 성경이 왜 다른 행성들의 생명체에 대해서 말하고 있지 않는지는 정확히 모르겠어요. 솔직히 당신에게 말해줄 답이 없습니다. 그러나 제가 확실히 알고 있는 것은, 하나님이 모든 것을 창조하셨다고 성경이 말하고 있다는 것입니다. 그리고 다른 행성들에 생명체가 있다면 그들 역시 하나님이 창조하셨을 겁니다. 이 주제에 대해 성경이 왜 침묵하고 있는지 모르지만, 지구에 사는 생명체에 대해 성경이 어떻게 말씀하시는지는 확실히 알고 있습니다." 그러고 나서 나는 예수님에 대한 주제로 돌아갈 수 있었다. 사람들의 진심 어린 질문에 대답하는 일도 중요하지만 주제에서 벗어나지 않고 가능한 속히 다시 복음에 초점을 맞추는 일도 역시 중요하다.

겸손

  당신이 대답할 수 없는 질문이 존재한다는 것을 인정함으로 복음 증거의 힘인 겸손함을 드러내게 될 것이다. 당신의 겸손은 당신이 모든 것을 알 필요가 없다는 점과 우주의 모든 신비나 성경에 관한 모든 것을 모른다고 해도 신앙을 굳게 지킬 수 있다는 사실을 알려 준다. 당신은 또한 예수님을 따르는 자들은 계속 배우고 있으며, 성장을 위해 마음이 열려 있다는 것을 보이는 것이다.

  겸손한 대응은 당신을 지적인 곤경으로 몰아가는 사람들을 비난할 필요가 없음을 보여준다. 잠언 15:1은 "유순한 대답은 분노를 쉽게 하여도 과격한 말은 노를 격동하느니라"고 말씀한다. 인생에 있어서 해결할 수 없는 질문이 있다는 사실은 인생의 수수께끼보다 예수님이 더 위대한 분임을 알게 해 준다.

진심

  오늘 해결하지 못한 질문의 답을 찾아 볼 것을 약속함으로 당신은 투명함과 진실함을 보여줄 수 있다. 당신은 질문을 단순히 허튼 말이나 어리석은 수작으로 넘겨버리는 것이 아니라, 오히려 대화를 나누고 있는 사람에게 진실하고 인격적인 관심을 보이고 있다는 것을 보일 수 있다.

관계

당신이 질문에 대한 답을 찾아보자고 제안하게 되면, 영적인 주제들에 대해 다시 논의할 수 있는 기회를 얻을 수 있을 것이다. 기꺼이 다른 사람을 위해 노력해서 다시 만나고 싶다는 의지를 표하는 것은, 단순히 자기 논점으로 몰아가거나 다른 대화 상대를 찾는 것보다 대화 당사자에게 더 관심이 있다는 것을 보여준다.

🧠 고려해야 할 질문들

- 효과적인 전도를 위한 성경 지식이 충분하지 않다고 걱정되는가? 그렇다면 두려움에 대해 회개하며 당신의 염려를 주님께 아뢰라.
- 질문에 대한 답을 모르지만 그것을 찾기 위해 노력하겠다고 인정하는 것이 부담스러운가? 부담이 된다면 왜 그러한가?
- 전도할 때 정직하고, 겸손하며, 진실하며, 관계적인가? 이 네 가지 영역 중에 어떤 것을 더 계발해야 하는가?

제24장
낯선 사람들에게 전도하지 않는 것은 불순종하는 것인가?

성탄절과 새해 첫날이 지나갔다. 마크는 겨울 방학을 즐겁게 보냈다. 마크는 새 학기가 시작되자 수업이 끝난 오후와 대부분의 저녁 시간을 피자 가게에서 아르바이트를 하며 보냈다. 그러나 목요일에는 일을 쉬고 로베르트와 함께 모임을 가졌다.

빈스에 오던 인파가 이번 주에는 줄었다. 눈과 한파 때문에 사람들이 집에 머물게 된 것이다. 마크는 가게에 들어가기 전 보도에서 눈을 털기 위해 발을 굴렀다. 로베르트는 재즈맨에게서 항상 마시는 커피 한 잔을 건네받았다.

"안녕하세요, 마크!" 로베르토가 인사했다. 마크는 로베르토가 앉아 있는 테이블 옆 의자에 자기 외투를 걸쳤다. 그들은 몇 분 동안 날씨, 가족, 신학기 과목, 직업에 대해 이야기를 나누었다.

"참, 저 재즈맨 존스는 이상한 바리스타예요." 로베르토가 말했다.

"어떻게 이상한데요?"

"그와 대화를 한 번 해 보세요. 그가 하는 말은 정말 알아듣기 힘들어요. 입술과 혀에 있는 피어싱 때문인 것 같아요."

"와, 재즈맨은 정말 멋지네요," 마크가 답했다.

"물어볼 게 있는데요," 로베르트가 입을 열었다. "대학 다닐 때 만난 목사님이 계시는데, 그분은 신자들이 축호 전도를 하지 않거나 전혀 모르는 사람에게 신앙을 나누지 않으면 삶 속에서 죄를 짓는 것이라고 교인들에게 말씀하시곤 했어요. 이 말씀에 대해 어떻게 생각하세요?"

"우리 모두 살며 죄를 짓고 있어요," 마크는 미소를 띠며 말했다.

"맞아요! 그렇지만 내가 하는 말의 의미를 알잖아요! 그 목사님은 교인들이 축호 전도하러 나가지 않으면 주님께 불순종하는 것이라고 말씀하는 거잖아요."

"알아요, 알고 말고요. 그렇게 말하는 건 좀 극단적이네요. 성경은 전도를 어떻게 해야 하는지 자세히 말씀하고 있지는 않잖아요. 전도하라고 말씀할 뿐이지. 물론 초대 교회 때는 복음을 전하기 위해 집들을 방문했지요. 음…. 그 목사님의 말씀이 납득이 되지 않네요."

"저도 그래요. 우리의 방법들은 상황에 따라 다를 수 있지만 복음의 메시지는 늘 같지요."

"그러면 축호 전도하는 것은 잘못이라는 말씀인가요?"

"아니죠. 전혀 아니죠! 축호 전도는 성경적이죠. 저도 지지합니다. 지금까지 축호 전도를 해 왔고 앞으로도 계속할 겁니다. 주님은 그 방법을 통해 역사하십니다."

"로베르토, 논의해야 할 게 하나 더 있어요. 낯선 사람에게 복음을 전하는 건 어떻게 생각하세요? 모르는 사람의 집을 방문하는 것이 아니라 일상에서 만나는 낯선 사람에 대해 이야기하고 싶어요. 낯선 사람에게 방문 판매 방식으로 전도를 하지 않으면 불순종하는 것인가요?"

"마크, 그거 아주 좋은 질문이에요! 지난 학기보다 더 똑똑해 지신 것 같아요!"

"마침내 제 뛰어남을 인정하시다니 기쁩니다!"

마크의 질문에 대한 간결한 대답은, '그렇다'이다. 삶 속에서 만나는 낯선 이들에게 복음을 전하지 않겠다고 결심하는 것은 불순종이다. 이 말이 냉혹하게 들릴 수 있으며 복음주의 진영 내에서도 그것에 대해 의견이 나뉘지만, 내 대답은 성경을 바탕으로 한 것이다.

성경에는 우리가 낯선 사람에게 복음을 전해야 한다고 나와 있다. 앞장들에서 보았듯이 제자를 삼고, 예수님의 증인이 되고, 말씀을 전하라(마 28:19; 행 1:8; 딤전 4:2)고 성경은 말씀한다. 구체적으로 진술되어 있지 않지만, 복음서와 사도행전에 나타난 대부분은 완전히 낯선 사람들을 전도하는 것이다. 예수님과 사마리아 여인, 예수님과 거라사 지방의 귀신들린 자, 스데반과 종교 지도자

> ♀ KEY POINT
>
> 예수님을 좇는 자들은 누구에게나, 언제나, 어디서든지 복음을 전 할 준비를 해야 한다.

들, 빌립과 에티오피아 내시, 베드로와 고넬료, 바울과 실라와 루디아, 바울과 실라와 빌립보의 간수. 하나님이 인생길에서 만나게 하시는 이같이 낯선 자들에게 복음을 전하지 않고 이미 관계를 맺고 있는 사람들에게만 신앙을 나누는 것은 예수님과 사도 시대 교회들이 보여준 분명한 모범을 따르지 않는 것이다.

우리는 주님의 진리를 나누라고 인생 행로에서 만나게 하신 낯선 사람들에게 열려 있어야 한다. 매일의 우리 행로를 이끌 두 가지 원칙이 있다.

준비하라

예수를 좇는 자들은 누구에게나, 언제나, 어디서든지 복음을 전할 준비를 해야 한다. 바울은 디모데에게 때를 얻든지 못 얻든지 말씀을 전파하라고 권면한다(딤후4:1-5). 이 권고에 잘 순종하여 그리스도 안에 있는 소망에 관한 이유를 잘 대답할 수 있도록 준비해야 한다(벧전3:15). 친한 사람들에게만 복음을 전하면 복음을 증거할 대상이 줄어들고, 성령께서 우리가 가는 길에 베푸시는 수없이 좋은 기회들을 놓치게 될 것이다.

목적을 가지라

복음 전도의 차원에 적용된 선교적인 삶은 기쁘고 즐거운 목적성과 규칙성으로 나타난다. 항상 기도하면서 신앙을 나눌 기회를 찾아야 한다. 그리스도의 사신이 되려는 목적을 갖는 것이 우리 삶의 특징이다. 우리가 사람들에게 그리스도를 통해 하나님과 화목하기를 구할 때, 하나님은 우리를 통해 세상에 대한 사역을 시행하신다 (고후 5:20). 타국에 거주하는 한 국가의 사신이 자기 나라를 대표하기 위한 수고를 항상 의식적으로 수행하지 않은 예를 본 적이 없다.

뉴욕 시내에서 강의를 끝내고 공항으로 가는 택시 안에서 택시 기사와 대화를 나눈 적이 있다. 대화가 시작하고 얼마 후, 기사는 나에게 결혼했냐고 물었다.

"결혼한 지 14년 되었습니다." 나는 대답했다.

백미러로 바라보면서 기사는 "지금도 아내를 사랑하십니까?"라고 물었다.

지금까지 내 삶에 대해 많은 질문을 받아 왔지만, 이런 질문은 결코 낯선 사람이 할 수 있는 것은 아니었다. 나는 "예 그렇지요,"라고 대답했다.

"내 질문에 대해 조금도 주저하지 않고 대답하시는군요." 다시 백미러를 통해 바라보며 기사가 말했다. "이거 놀라운 일인데요. 이런 질문을 받으면 대개 보통 사람들은 대답하는데 조금 시간이 걸리거든요. 누군가를 그렇게 오랫동안 꾸준히 사랑하는 비결이 뭐죠?"

와우! 어떻게 예수님이 나와 아내가 서로 지금까지 사랑하는 이유가 되시는지 그리고 우리의 결혼 생활을 그분이 어떻게 바꾸어 주셨는지 말할 수 있는 얼마나 놀라운 기회인지. "글쎄요, 물어보시니까 말씀인데요, 이상하게 들릴지 모르지만 아내와 저는 예수 그리스도를 따르는 사람들입니다." 이렇게 대답했다. 그리고 대화는 나의 신앙에 대해 이야기할 수 있는 놀라운 기회로 이어졌다.

여기 완전히 낯선 사람이 있다. 여기에 복음을 전할 수 있는 기회의 문이 있다. 두 개의 선택이 가능하다: 이 사람은 완전히 낯선 사람이며 나를 신뢰하지 않는다. 전혀 관계가 없는 사람이다. 영적인 사안들은 매우 인격적인 것이어서 완전히 낯선 사람과 나눌 수 없다. 따라서 나는 그에게 아내와 내가 결혼 생활을 위해 많이 노력했고 그것이 유효했다고 단순하게 말할 것이다. 아니면 이를 예수님에 대해 이야기할 수 있는 기회로 삼아 성령께서 복음의 메시지를 통해 역사하시게 할 수도 있다.

🌰 고려해야 할 질문들

- 낯선 사람에게 예수님에 대해 이야기한 때가 언제였는지 기억할 수 있는가? 그것을 설명해 보라.
- 당신이 선호하는 복음 전도 방식이 아니라 할지라도 주님께서 문을 열어 주신다면 완전히 낯선 사람에게 기꺼이 복음을 전하겠는가? 아니라면 그 이유는 무엇인가?
- 낯선 사람들에게 복음 전하는 것에 대해 우려하는 바가 있다면, 누군가에게 이에 대해 말할 계획을 세우고 주님께 명료함과 능력을 구하라.

제25장
우리 교회가 복음 전도에 미온적이면 어떻게 해야 하나?

"좋아요, 당신의 대학교 목사님이 복음 전도에 대해 그런 관점을 가지고 계시다면, 그 교회는 복음 전도적이라고 생각합니다." 마크는 말했다.

"예, 어느 정도요."

"저는 우리 교회가 복음 전도적이라 감사해요." 마크가 말했다.

"저도 그렇게 생각해요. 그런데 불행하게도 많은 교회들이 그렇지 않거든요. 오늘날 대부분의 미국 교회가 자신들의 이웃에게 복음을 전하지 않고, 침례(세례)를 시행하는 일도 거의 없다는 기사를 몇 달 전에 읽은 적이 있어요."

마크는 디저트를 입에 조금 넣었다. "그런 교회의 교인이라면 무엇을 할 수 있을까요?"

"무슨 말씀이시죠?"

"지역 사회와 세상에 복음을 전하는 선교적인 교회가 되도록 사람들이 할 수 있는 것은 무엇일까요?"

> 💡 KEY POINT
> 가능하면 당신이 계획하는 일에 다른 사람이 참여하도록 초청하라.

복음 전도자의 일을 하는 것은 예수님을 따르는 자들의 삶의 일부이다. 다음 제안들은 복음 전도를 지역 사회에서 시행되어야 할 프로그램처럼 여기는 것 같지만 사실 그렇지 않다. 이 장에서 할 제안들은 교회 전체가 예수님의 명령에 순종할 수 있도록 도울 것이다. 이 지침들은 당신이 어떤 프로그램을 개발하도록 돕기보다는, 하나님의 나라를 위해 당신이 교회에 영향을 미칠 수 있도록 도울 것이다.

교회는 당연히 복음 전도적이어야 한다. 그런 의미에서 이 문제를 개인적인 차원에서 설명해 보고자 한다. 교회를 구성하는 개인들이 먼저 회개하고 예수님께 복종하지 않는다면 교회 전체적으로 변화가 일어날 수 없을 것이다. 앞으로 제시할 지침들은 모든 이들이 삶의 여정에서 의식적으로 복음을 전해야 한다는 분위기를 형성하도록 도움을 줄 것이다.

행동하기 전에 기도하라

무엇을 하기 전에 기도로 시작하라. 복음 전도에 대한 염려들을 어떻게 다루어야 할지 지혜를 구하라. 인도하심과 겸손함, 그리고 주님의 뜻만이 이루어지도록 기도하라(잠 19:21). 하나님 나라의 성장을 위해 필요한 변화가 일어나도록 교회와 지도자들을 위해 중보하라.

당신의 길을 고찰하라

당신 교회의 성도를 판단하기 전에 먼저 자신을 살피라. 예수님께서 경고하셨다:

> "비판을 받지 아니하려거든 비판하지 말라 너희가 비판하는 그 비판으로 너희가 비판을 받을 것이요 너희가 헤아리는 그 헤아림으로 너희가 헤아림을 받을 것이니라 어찌하여 형제의 눈 속에 있는 티는 보고 네 눈 속에 있는 들보는 깨닫지 못하느냐 보라 네 눈 속에 들보가 있는데 어찌하여 형제에게 말하기를 나로 네 눈 속에 있는 티를 빼게 하라 하겠느냐 외식하는 자여 먼저 네 눈 속에서 들보를 빼어라 그 후에야 밝히 보고 형제의 눈 속에서 티를 빼리라"(마 7:1-5)

당신은 개인 전도를 어떻게 수행하고 있는가? 복음 전도적이고, 의식적으로 자신의 신앙을 다른 사람들과 나누고 있는가? 그렇지 않다면 그런 염려를 내뱉기 전에 "당신이 가르치는 것을 실천해야 한다"는 점을 명심하라.

마음을 나누어라

교회 지도부와 함께 사역하라. 그들이 교회를 선교적으로 변화하도록 이끄는 열쇠이기 때문이다. 교회가 복음 전도에 헌신해야 한다는 당신의 생각을 겸손하게 목회자와 나누면서 시작하라. 전도 사역에 대해 마음에 부담을 느끼고 있다면, 주님께서 회중 안에 건강한 변화를 이루기 위해 당신을 사용하기로 계획하신 것일 수도 있다는 점을 인지하라. 어쩌면 이 문제와 관련된 책임을 맡고 교회를 위한 지침을 제시해 달라는 부탁을 들을 수도 있을 것이다.

교회의 지도부가 열심히 전도 사역을 감당하고 있다면, 교회 제자 훈련 사역에 당신이 도울 점이 있다는 것을 지도자들과 나눌 수 있을 것이다. 당신의 권면의 말과 생활 방식이 그들에게 축복이 될 수 있다. 그들이 전도에 미온적이면, 이를 염려하는 당신의 조언을 통해 지도자들이 이 문제에 관심을 갖게 될 것이다.

작은 것부터 시작하라

불순종에는 변명의 여지가 없다. 그렇지만 변화와 건강에 대한 열정이 아직 비전을 공유하지 못한 이들을 당혹스럽게 할 수도 있다. 교회가 현재 전혀 전도 사역을 시행하지 않는 상황에서 대형 전도 활동에 사람들을 참여하게 하는 것은 마치 달리기를 처음 하는 사람에게 마라톤으로 시작하라고 권하는 것과 같다.

급하게 서둘러 일을 그르치기보다는 교회와 교회 회원들에 대한 지식과 이해에서 전도를 시작해야 할 것이다(잠 19:2). 거대한 전도 계획과 프로그램이 도움이 될 때도 있지만, 상황에 따라서는 작은 일부터 시작해 성장하게 하는 것이 최선이 되기도 한다. 우선 가족, 친구, 지역 공동체의 구원을 위한 기도로 시작하도록 도전하라. 자신의 신앙을 어떻게 나누는지 가르치고 훈련하는 모임을 인도하라. 교회 소모임에서 토론을 시작할 때 이 책을 사용하라. 다음 주에 복음을 전하도록 사람들을 독려하라.

다른 사람들을 모집하라

가능하면 당신이 계획하는 일에 다른 사람이 참여하도록 초청하라. 다만 지역 사회 내에 선교 차원의 도움을 요청하는 일반적인 광고가 되지 않게 하라. 먼저 개인적으로 만나 초청하라. 집단적인 초청은 보통 큰 헌신을 이끌어 내지는 못한다. 특히 복음 전도에 관련한 초청이라면 더 그렇다. 대신 개인적인 접촉을 통해 도움을 요청하라. 개인 전도 모델이 다른 이들을 하나님 나라를 위한 선한 일로 이끌 수 있다는 점을 이해하도록 도우라.

주님을 신뢰하라

교회가 더욱 전도에 집중하도록 돕기 위해 주님이 준비시킨 이들과 함께 시작하라. 당신은 주로 다수보다는 적은 사람들을 통해 축복을 경험할 것이다. 숫자 때문에 낙망하지 마라. 지역 사회 전도를 위해 헌신한 사람들과 동역하라. 앞으로 이 소수가 다른 이들을 모아 사역을 돕게 할 것이다.

결과를 나누라

목회자와 교회 모두는 당신의 전도를 통해 주님께서 어떤 일을 이루고 계시는지 알 필요가 있다. 교인들에게 최근 상황을 계속 알려야 한다. 교회에서 개인들이 그리스도를 어떻게 전하고 있는지 이야기를 공유하라. 실수가 무엇이고 무엇이 잘 되고 있는지 공유하라. 이러한 이야기를 대화, 블로그, 이메일을 통해 전하며, 기회를 제공하고 설교 시간에 공유하라. 당신이 나누는 이야기들이 다른 사람들로 하여금 전도적 생활 방식에 적응하도록 격려하고, 확신을 주며, 동기를 제공할 것이다.

🍂 고려해야 할 질문들

- 앞으로 12개월 동안 복음 전도 분야에 있어서 당신이 교회를 도울 수 있는 세 가지 방법은 무엇인가?
- 복음을 전하는 사람들의 삶 속에 주님이 어떻게 역사하셨는지 교회에서 나누는 것이 왜 중요하다고 생각하는가?

제26장
성경 구절을 다 암기하지 못하면 어떻게 해야 하나?

"로베르토 고백할 것이 있어요." 마크가 미소를 머금고 말했다. 다른 사람들과 효과적으로 신앙을 나누기 위해 레위기 1장에서 9장을 암송하는데, 어렵네요."

"레위기라구요? 무슨 말씀이죠?"

"성경 암송, 많은 성경 구절 암송이요. 그러면 저의 신앙을 나눌 수 있잖아요. 레위기 말고요. 농담이었어요. 사실 몇몇 구절은 암송할 수 있지만, 당신이 암송하는 모든 구절을 저는 다 모르잖아요."

"글쎄요, 저는 당신보다 훨씬 전부터 신앙 생활을 해 왔잖아요." 로베르토는 마크에게 상기시켰다.

"맞아요, 그런데 아시다시피 제가 지금 복음 전도에 관한 책을 읽고 있잖아요? 그 책 저자에 따르자면 내 신앙을 효과적으로 나누기 위해서는 많은 성경 구절을 암송해야 할 것 같아요."

"알겠어요." 로베르토는 말했다.

"학교 시험 준비로 힘들게 외워야 할 것들이 이미 많이 있는데요."

"무슨 말인지 알겠어요, 마크. 제가 하나님의 말씀을 마음에 두는 훈련을 전적으로 지지하는 걸 알잖아요. 당신도 그럴 거라고 믿어요. 그런데 지금 예수님의 진리를 전하려면 많은 성경 구절을 암기해야 하는지 묻는 건가요?"

"글쎄요, 그건 아니지만 가끔 사람들이 그걸 변명으로 사용하고 있는 것은 아닌가 해서요."

> 💡 KEY POINT
> 성경 구절을 통해 복음을 전하기 위한 준비로 탁월한 방법은, 손쉽게 사람들에게 소개할 수 있도록 구절들에 표시를 해 놓은 작은 신약 성경(또는 전자 성경)을 지니고 다니는 것이다.

효과적으로 복음을 전하려면 성경을 많이 암송해야 한다고 믿는 사람들이 있다. 그리고 암송하지 못한다면 전도 사역을 해서는 안 된다고 생각하기도 한다. 서투른 변명이라고? 물론이다. 그렇지만 이에 대해 살펴 볼 필요는 있을 것 같다.

성경은 신자들의 삶에 필수적이며 우리는 하나님을 알기 위해 성경을 읽는다. 사도 바울은 다음과 같이 썼다. "모든 성경은 하나님의 감동으로 된 것으로 교훈과 책망과 바르게 함과 의로 교육하기에 유익하니 이는 하나님의 사람으로 온전하게 하며 모든 선한 일을 행할 능력을 갖추게 하려 함이라"(딤후3:16-17). 하나님은 우리를 구원하시고 진리로 양육하기 위해 말씀을 통해 역사하신다. 우리는 일용할 영적 양식인 성경 말씀 안에 거해야 한다. 성경을 잘 이해할 수록 암송도 더 잘되며(시 119:11), 알고 있는 진리를 다른 사람들에게 더 잘 전할 수 있다.

누가 레위기를 암송해야 한다고 했는가?

암송해야 할 성경 구절 몇 개를 추천하려고 한다. 그러나 사실 예수님의 진리를 전하기 위해 반드시 성경의 많은 부분을 암기해야 하는 것은 아니다. 우리가 인격적으로 체험한 것은 언제든지 이야기해 줄 수 있다는 점을 명심해야 한다. 베드로와 요한이 말한 것처럼, "우리는 보고 들은 것을 말하지 아니할 수 없다"(행 4:20). 그러나 하나님의 말씀은 살아 있고 활력이 있어 예리하며 그 어떤 것보다 강력하다는 점 또한 기억해야 한다(히 4:12). 따라서 개인적인 체험을 나누면서 하나님의 말씀을 우리의 간증에 넣어 이야기할 수 있다.

우리는 이미 이메일 주소, 전화번호, 주민등록번호, 비밀번호와 생일들을 기억하고 있다. 따라서 몇몇 성경 구절도 암송할 수 있다고 믿는다. 이 책을 읽는 독자들 중에 엄청나게 많은 수가 요한복음 3:16을 암기하고 있을 것이라 확신한다. 이 구절은 복음을 간결하게 말해주고 있다. 그 구절을 암기하라. 그 구절을 다른 사람들과 나누며 회개하고 예수님을 믿으라고 도전하라.

표시해 놓은 신약 성경을 가지고 다니라

성경 구절을 통해 복음을 전하기 위한 준비로 탁월한 방법은, 손

쉽게 사람들에게 소개할 수 있도록 구절들에 표시를 해 놓은 작은 신약 성경(또는 전자 성경)을 지니고 다니는 것이다. 예를 들어, 성경의 표지에 "로마서 3:23"을 페이지 번호와 함께 적어 놓을 수 있다. 로마서 3:23을 펴서 그 구절에 밑줄을 치고 여백에 "로마서 6:23"을 페이지 번호와 함께 적어 놓으라. 이 구절에 밑줄을 치고 "로마서 5:8"을 적고 페이지 번호를 여백에 기록하라. 끝으로 로마서 5:8에 밑줄을 긋고 "로마서 10:9, 13"을 페이지 번호와 함께 여백에 기입하라. 이렇게 표시해 둔 신약 성경은 다른 사람들에게 복음을 전할 때 핵심이 되는 구절들로 사용할 수 있을 것이다. 종종 이 로마서 구절들은 "로마서 구원의 길"(Romans Road to Salvation)이라고 불린다. 암기를 잘 못한다고 해도 작은 것부터 시작하여 이와 같이 중요한 몇 개의 구절들을 기억할 수 있도록 개인적인 목표를 세워 보라.

소책자를 가지고 다니라

표시된 성경을 사용하고 싶지 않다면 복음을 분명하게 성경적으로 제시하고 있는 좋은 소책자를 사용해 보라. 많은 소책자들이 훌륭한 성경 구절들을 담고 있다. 휴대폰에 다운받을 수 있는 소책자들도 있다. 공공장소와 같은 실외에서는 인터넷 접속을 통해 사용할 수 있는 좋은 웹사이트도 있다. 상대가 허락한다면 다른 주제들을 토론하는 일이 없도록 함께 앉아서 책자의 내용을 같이 읽을 수도 있다. 이러한 종류의 링크로 내가 자주 이용하는 것은 http://

www.sbts.edu/documents/GRACE.pdf 이다.

🧠 고려해야 할 질문들

- 성경을 충분히 모른다는 이유로 자신의 신앙을 나눌 수 없다고 핑계를 댄 적이 있는가?
- 당신의 신앙을 나눌 때 성경 구절을 사용할 수 있는 방법에는 어떤 것들이 있는가?
- 지금까지 계획이 없었다면, 로마서 구원의 길(Romans Road to Salvation)을 암기하기 위한 계획을 세워 보겠는가? 그렇지 않다면, 그 이유는 무엇인가?

제27장
영접 기도는 무엇인가?

"로베르토, 질문이 하나 더 있어요! 영접 기도란 무엇인가요?" 마크가 물었다.

"그것이 무엇인지 알고 있잖아요." 로베르토가 대답했다.

"물론 그렇지요. 무엇인지는 알지만, 그 기도가 어떤 역할을 하나요? 그 기도가 사람을 구원한다고 생각해 왔어요. 그런데 모든 구원은 예수님이 하는 것이니 그것은 사실이 될 수 없지요. 그리고 왜 그렇게 종류가 많은가요?"

"맞아요, 그 기도는 누구도 구원하지 못해요. 그런데 다양한 종류라고요?" 로베르토는 눈썹을 찡그리며 물었다.

"집에 복음 전도용 소책자가 있는데 거기에 영접 기도가 있어요." 마크는 설명했다. "그 기도들은 비슷하지만 달랐어요. 전에 개최된 빌리 그레이엄 전도 집회를 최근에 텔레비전을 통해 시청한 적이 있어요. 빌리 그레이엄 목사님이 사람들을 앞으로 나오라고 요청하고 기도를 따라하라고 말씀했어요. 그 기도도 소책자에 있는 것들과 비슷했지만 완전히 같지는 않았어요."

"아, 무슨 말을 하는지 알겠네요," 로베르토는 말했다. "몇 개의 질문이 있는 것 같네요. 하나씩 정리해 봅시다."

> **KEY POINT**
> 영접 기도는 시간상 표시가 되는 영적인 기념이 된다.

영접 기도(Sinner's Prayer)는 교회 역사상 상당히 최근에 발전한 것이다. 이 기도는 복음주의의 등장으로 특히 미국에서 전도 사역에 사용되는 수단이 되었다. 영접 기도는 20세기 초에 사용되기 시작한 것으로 보이며, 빌 브라이트(Campus Crusade for Christ)와 빌리 그레이엄에 의해 대중화되었다.[25] 열 명의 문둥병자(눅 17:13), 세리(18:13), 십자가의 한 강도(23:42)의 탄원들을 영접 기도의 예(물론 성경에 다른 예들이 더 있다)로 볼 수 있지만, 현재 교회에서 말하는 영접 기도는 상당히 다른 것 같다.

영접 기도는 한 개인이 회개하는 마음을 하나님께 고백하는 것으로, 자신이 하나님을 떠난 죄인임을 고백하고, 죄를 회개하고, 예수님의 죽음, 장사, 부활을 믿고, 더불어 그분이 자기 삶의 주인이 되심을 고백하는 것이다.

이 기도의 변형들

영접 기도가 개인을 구원하는 것이 아니기 때문에 다양한 변형이 가능하다. 나는 예수님에 대한 신앙을 고백하도록 인도하면서 다양한 기도 양식을 사용해 왔다. 나 같은 경우 예수님을 따르기 원하는 사람에게 복음을 전하고 나서, 그가 따르려는 주님이 어떤 분인지 한번 말해 보라고 물을 것이다.

한편 한 개인이 구원을 받기 위해 필요한 것은 주 예수를 믿는 믿음뿐이다(행16:31). 그러나 개인의 열망을 주님께 표현할 수 있도록 인도하는 것은 목회 상담의 영역이다. 그가 주님께 이야기하기 원한다면 자신의 말로 하도록 권유해야 한다. 그가 나에게 기도를 인도해 주기 원하면 몇 가지 사항을 항상 설명한다. 첫째, 이 기도가 구원을 주지는 않는다. 구원은 오직 그 은혜에 의하여 믿음으로만 말미암아 얻는 것이다(엡 2:8-9). 둘째, 이 기도는 자신이 죄인임을 인정하고 죄에서 돌이켜야 한다는 점, 예수님이 죄를 위해 죽으시고 죽음에서 부활하셨다는 것, 그리고 예수께서 주님이시라는 점 세 가지를 담고 있어야 한다. 이러한 진술들을 마음으로 수용한다면 하나님께 영접 기도를 드릴 수 있다.

변형이 있을 수는 있지만 영접 기도는 이렇게 드릴 수도 있다. "주님 저를 사랑하여 주심에 감사드립니다. 저는 예수님이 내 죄를 갚으시기 위해 죽으시고 죽음에서 부활하셨음을 믿습니다. 저는 지금 즉시 죄에서 돌이켜 주님을 믿습니다. 예수님을 저의 주님으로 고백합니다. 제가 어떻게 살아야 할지 가르쳐 주시고 항상 주님을 따르도록 도와주십시오. 예수님의 이름으로 기도합니다. 아멘."

영접 기도는 마술적인 부적과 같이 하나님을 조종하는 주술적 기도가 아니다. 많은 사람들이 주님을 처음 믿는 순간에 기도 없이 구원을 얻어 왔다. 어떻게 그럴 수 있냐고? 성경이 말하는 것을 행했던 것이다. 그들은 구원받기 위해 죄를 회개하고 예수님을 믿었다.

영접 기도에 대한 우려

불행하게도 영접 기도가 영혼을 구원한다고 굳게 믿고 "그 기도로 기도하지" 않으면 구원받지 못한다고 강력하게 단언하는 사람들이 많이 있다. 그들은 마치 그 기도가 성례전인양 여기고 그 기도를 드리는 것을 구원의 확신과 연결시키려 노력한다. 이러한 신학은 상당한 우려를 낳을 수 있다. 그 주장이 사실이면 역사상 구원을 얻은 사람들은 그 기도가 등장한 이후에 태어난 사람들 뿐일 것이기 때문이다.

이러한 잘못된 신앙은 영접 기도를 구원의 열쇠로 여기게 하며 정령 숭배와 같은 기도가 되게 한다. 한 젊은이에게 복음을 전하며 영접 기도를 인도한 적이 있다. 집으로 돌아와 나의 대화를 다시 한 번 생각해 보았다. 그 기도를 인도하며 중요한 말들을 빼먹지 않았나 걱정이 되었다. 이러한 우려가 나를 무겁게 압박했다. 그 청년이 구원받는 데 필요한 기도를 제대로 인도하지 못한 것 같다고 강하게 느꼈기 때문이다. 구원은 오직 은혜와 믿음으로 말미암으며 성령의 권능으로 얻는다는 정확한 이해를 가지고서야 나는 비로소 영혼의 평안을 얻게 되었다.

이 기도의 가치

그렇다면 영접 기도는 가치가 있는가? 그렇다고 말하고 싶다. 영접 기도가 구원을 주지는 못하지만 사람들이 자기 죄를 회개하고 예수님을 인생의 구주로 스스로 고백한 시간을 정확히 기억할 수 있게 해 주어 공적으로 자기의 신앙을 고백할 때 도움이 될 수 있다. 이스라엘 백성이 그들의 여정 속에 나타나신 하나님의 역사를 기억하기 위해 돌기둥을 세우라는 명령을 받은 것처럼, 영접 기도는 기억에 도움을 준다. 영접 기도를 하기 전에 이미 성령께서 중생하게 하셨음을 믿지만, 영접 기도는 시간상 표시가 되는 영적인 기념이 된다.

🍃 고려해야 할 질문들

- 이전에 영접 기도를 너무 강조한 적이 있는가? 그렇다면, 왜 그랬는가?
- 영접 기도의 가치와 오용을 자신의 말로 설명해 보라.

제28장
영적인 대화를 어떻게 시작해야 하나?

마크는 지난 일 년간 자신의 믿음에 대해 나누어 왔지만 아직 자신이 사람들에게 영적 주제를 이야기하는 데 어려움을 겪고 있다는 것을 깨닫게 되었다. 일상 주제에서 영적인 대화로 전환하는 것이 가장 어려웠다. 오늘 로베르토를 만나면 이것을 논의하고 싶었다.

"잘 알았어요," 로베르트가 말했다. "그건 가끔 저에게 도전이 되기도 해요. 사실 우리 삶에는 자연적인 것과 영적인 것 사이에 정확한 구분이 없다고 생각해요. 우리는 모두 영적인 존재이기 때문이죠. 세속적인 것과 영적인 것 사이의 간격에 다리를 놓는 일은 매우 어려울 때가 있지요. 우리는 늘 이것과 씨름한다고 생각해요."

"좀 쉬워질 수 있을까요?" 마크가 물었다.

"물론이에요. 근육을 늘리기 위해 운동이 필요한 것과 같아요. 복음을 전할수록 전하는 게 더 편해지죠. 다른 사람과 대화가 없는 시간이 길어질수록 다음에 만나는 사람과 대화 간극을 메우는 것이 더 힘들어 진다는 걸 알게 되었어요."

"일상생활 이야기에서 특별한 주제로 넘어가는 데 도움이 될 만한 것은 무엇일까요?"

우리는 영적인 주제로 대화를 전환할 때 겪는 어려움을 극복해야 한다. 사람들과 대화를 나누는 일이 도전이 되기도 한다는 것을 안다. 그런데 사실 사람들은 영적인 존재이며, 성령께서 인도하시고 우리가 존중하는 마음으로 사람들에게 다가간다면 대부분 사람들은 자신들의 영적 체험과 신앙을 기꺼이 나눌 것이다.

    내가 처음으로 일상적인 상황에서 신앙을 나누기 시작했을 때 복음 전도를 위해 강압적이고, 교묘히 심리를 조작하며, 영업의 방식을 권유하는 책을 소개받은 적이 있다. 나는 다른 방법이 있다는 것을 알지 못했기 때문에 엄청난 열의를 가지고 그 책을 읽고 배운 대로 즉각 적용했다. 어떤 사람과 몇 차례 대화를 진행하면서 그가 영적인 주제에 대한 토론을 원치 않는다는 사실을 알게 되었다. 구원의 과정이 주님의 인도를 신뢰하는 데 있기보다는 내가 상황을 주도하는 데에 달려 있다고 생각하여 사람들을 토론으로 몰아붙이고 있었던 것이다.

    대학 생활 중 교정을 걷고 있는 여학생에게 다가가 말을 걸었던 기억이 있다. 나와 내 친구를 소개한 후 그와 함께 계속 걷는 내내 우리가 영적인 주제에 관해 학생들과 대화하러 왔다고 말했다. 계

> **KEY POINT**
> 세속적인 주제에서 예수님의 진리로 대화를 전환하는 데 있어 기도는 절대적으로 필요한 요소이다.

속 걸음을 재촉하는 것으로 보아 우리와 대화를 원치 않는 것이 분명했다. 우리가 말을 할수록 그는 더 빨리 걸었다. 그럴수록 우리도 속도를 높였다. 그를 놓아주기 전까지 우리는 말 그대로 '나란히' 걸었다!

여기에 성령께서 이끄시는 전도에 관한 중요한 진리가 있다. 즉 복음을 전하는 과정에서 상대방이 영적 주제에 대해 이야기하고 싶어하지 않는다면 대화의 문을 열도록 강요하지 말아야 한다는 것이다. 기억하라. 구원은 주님께 속한 것이다. 우리가 열 수 없는 문을 그분은 여신다. 우리는 자발적이고, 가능하고, 의식적인 노력을 기울이면 된다. 내가 했던 최선의 복음 전도는 대화하다가 자연스럽게 흘러나온 것이었다.

이 장의 나머지 부분은 영적 주제에 관한 대화를 시작하는 데 도움이 되는 추가적인 지침에 대해 다룰 것이다.

기도

기도는 하나님과 맺는 지속적인 교제의 일부가 되어야 한다. 세속적인 주제에서 예수님의 진리로 대화를 전환하는 데 있어 기도는 절대적으로 필요한 요소이다. 바울은 말한다. "또한 우리를 위하여 기도하되 하나님이 전도할 문을 우리에게 열어주사 그리스도의 비밀을 말하게 하시기를 구하라 … 그리하면 내가 마땅히 할 말로써 이 비밀을 나타내리라"(골 4:3-4). 다른 사람들과 대화하기 전이나 대화 중에 주님이 대화를 인도하셔서 그들이 복음을 이해하고 주님을 믿도록 복음을 나눌 기회를 열어 달라고 기도해야 한다.

기회를 찾으라

주님이 다음 단계에 무엇을 하실지 주의해서 살펴야 한다. 주의해서 보려고 하면 영적인 주제들에 대해 이야기할 수 있는 많은 기회를 발견할 수 있을 것이다. 어떤 사람들은 우리가 왜 그렇게 생각하고 행하는지 묻기도 하는데, 이때가 주님이 우리 일상에 어떻게 역사하셨는지를 나눌 수 있는 기회가 된다. 다른 이들은 인생에 관련한 중요한 질문, 예를 들면 왜 비극적인 사건들이 발생하는지 묻기도 한다. 사람들은 유아 세례, 초자연적인 경험, 운명, 행운, 교회, 소망, 평화, 두려움, 종교 등에 대해 묻기도 한다. 대화 중에 복음으로 넘어갈 수 있는 순간을 잡기 위해 귀를 기울이라.

어떤 사람들은 십자가를 목에 걸기도 하고, 십자가나 다른 종교의 상징을 문신으로 새기기도 한다. 이러한 것들도 대화의 다리가 될 수 있다. 불신자들이 십자가를 드러내어 지니고 있거나 팔에 십자가 문신을 새기고 있다면, 그들은 그 상징들에 대해서 이야기를 나눌 마음을 갖고 있을 것이다. 그러니 그 상징들에 대해 물어보라.

유명한 팝콘 가게에서 한 청년과 이름에 관한 대화를 나눈 적이 있다. 그는 내 이름의 약자가 어떤 의미를 가지고 있는지 물었다. 내 이름을 들은 후에 이 청년은 자신의 이름을 말해주며, 부모님이 자기 이름을 누가(Luke)라고 지으려고 하셨다고 이야기했다. 나는 누가라는 이름이 마음에 든다고 말하며 성경에 누가라는 책이 있다는 것을 아느냐고 물었다. 그는 안다고 대답했다. 또 다른 대화를 위한 다리였다.

언젠가 머리를 깎을 때 미용사가 그날 아침 추락해 탑승자 전원이 사망한 비행기 사고 소식을 들었는지 물었다. 나는 뉴스에서 그 기사를 접했다고 대답했다. "죽는 순간에는 그걸 막기 위해 할 수 있는 것이 아무것도 없는 것 같아요," 하고 그가 말했다. 이어서 자신이 믿고 있는 무슬림 전통에서 말하는 이것과 관련된 이야기를 들려주었다.

드디어 기회가 찾아왔다! 나는 단순하게 "좋은 이야기네요. 그래요. 하나님이 모든 것을 주장하시지요."라고 말할 수도 있었다. 그러나 나는 이것은 하나님이 주신 기회이며, 주님이 그와 최고의 존재에 관한 대화의 문을 여셨다고 생각하고, "당신이 죽은 후 어디로 가는지 알고 계세요?"라고 물었다.

내가 미용실에 들어오자마자 이 질문을 했다면 그는 귀를 막고 종교와 관련한 어려운 주제로 생각해 내 얘기를 무시했을 것이다. 그러나 당시에는 (초)자연적으로 영적인 주제로 대화가 전환되는 상황이었다.

"아니요, 내가 죽으면 어디로 가게 될지 몰라요," 그가 대답했다.

"저는 예수님을 따르는 사람입니다. 그리고 당신이 천국에 간다는 것을 어떻게 확신할 수 있는지 알고 있습니다.[26] 어떻게 확실히 알 수 있는지 당신과 나누어도 될까요?"

"예, 알려 주세요!" 그는 쉽사리 대답했다.

이후 몇 분 동안 그의 질문과 의견을 들으며 복음을 전할 수 있었다. 그는 대답하며 화를 내지 않았다. "이교도!"라고 소리치지도 않았다. 미용 가위로 나의 귀를 자르지도 않았다. 자연스런 대화와 쉬운 토론, 그러나 강요는 없었다. 문이 열렸다. 대화의 다리가 이어졌고, 감사하게도 나는 그 다리를 건널 수 있었다.

자연스럽게 하라

내가 사람들과 나누는 대화를 특정한 방향으로 강요하지 않을 때 그들에게 예수님에 대해 나누는 최선의 대화가 이루어졌다. 이를테면 친구와 길을 걸으며 이렇게 말해 보라. "와, 저 나무 좀 봐! 하나님이 모든 나무를 창조하셨어. 그분은 너를 사랑하셔. 그리고 세상 죄를 위해 죽으시기 위해 예수님을 보내셨어. 이 사실에 대해 어떻게 생각해?" 이런 것은 내가 말하는 자연스러움이 아니다. 주님은 우리의 부족함에도 불구하고 항상 역사하시지만, 그렇다고 우리가 사회에서 괴짜가 되는 일은 없도록 노력하자! 대화 주제를 이끌어 가는 것과 대화를 강요하는 것은 다른 것이다. 의식적으로 대화하라. 그렇지만 대화의 자연스런 흐름을 거스르지 마라. 그렇지 않으면 사람들은 당신의 종교로 불시에 얻어맞았다는 느낌을 받게 될 것이다.

단계를 밟아라

우리는 복음 전도의 대화가 궁극적으로 세속적인 것에서 예수님에 대한 소망으로 전환되기를 원한다. 그리고 이것을 사랑으로 겸손하게 성령의 인도하심에 따라 행하기를 바란다. 다시 말하지만, 사람들이 들을 마음이 없다는 모습을 보이면 다음에 다시 대화의 시간을 가지면 된다.

자신의 이야기를 나누라

나는 어떻게 예수님을 믿었는지, 그리고 현재 그분이 내 삶에 어떻게 일하고 계시는지 나누는 것을 좋아한다. 사람들은 우리가 겪은 이야기를 듣는 데 흥미를 보인다. 그들이 우리에게 동의하지 않을 수도 있지만, 개인적인 이야기는 매우 강력한 효과를 가진다.

내 체험을 이야기하고 나서 나는 다음과 같이 질문할 것이다. "이와 비슷한 경험을 하신 적이 있습니까?" 이 질문은 그들의 경험을 들을 만큼 내가 그들을 존중하고 있다는 점을 그들이 알게 한다. 이렇게 해서 얻은 대답들이 사람들의 영적 여정에서 현재 자신의 위치를 이해하도록 도움을 준다.

여기서 주의해야 할 점이 있다. 당신이 누군가의 경험에 대해 묻게 된다면, 당신이 듣게 될 것에 대해서도 대비해야 한다는 것이다.

내 이야기를 젊은 여성과 나누고 비슷한 경험이 있냐고 물었을 때, 그는 "물론이지요, 바로 어젯밤에 악마에게 쫓기는 꿈을 꾸었어요!"라고 대답했다. 물론 나는 하나님이 꿈을 통해 역사하신다는 것을 믿으며 성경적이라고도 생각하지만, 내 이야기는 꿈과 관련된 것을 전혀 포함하고 있지 않았다. 악마에 관한 것도 역시 없었다. 하지만 어찌된 영문인지 이 젊은 여성은 나와의 대화 속에서 계속 신령한 주제를 찾아 연결시키고 있었다.

사람들로 말하게 하라

사람들과 대화 내용이 일치하지 않을지라도 그들의 경험을 나눌 수 있게 해야 한다. 론 존슨(Ron Johnson)의 책 제목이 위대한 진리를 말해주고 있다고 생각한다. 「우리가 귀를 기울이지 않는다면, 그들이 어떻게 들으리요?」*(How will they Hear If We Don't Listen?)* [27] 우리가 귀를 기울이면, 사람들은 우리가 하나님의 형상으로 그들의 가치를 인정하며 존중한다는 점과, 그들 자신과 그들의 경험에 관심이 있다는 것을 알게 될 것이다. 사람들이 이야기하도록 허용한다고 해서 그들이 옳다거나 그들의 경험이 하나님을 영예롭게 한다는 뜻은 전혀 아니지만, 이 과정을 통해 우리가 그들을 존중하고 있다는 것을 보여줄 수는 있을 것이다.

사람들이 당신에게 질문할 수 있게 하라. 많은 경우 우리는 질문을 통해 배운다. 그러나 여기에 또 다른 주의가 요구된다. 당신에게 던져질 질문에 대비해야 한다는 점이다. 다른 행성의 생명체에 대해 성경이 말씀하고 있냐고 물었던 남자를 기억하는가? 나는 웃을 수도 있었다. 그러나 그렇게 했다면 대화는 끝이 났을 것이다. 어떤 이들은 조롱하는 투로, 또는 심각한 대화를 피하거나 모른 체하려고 질문하는 것일 수도 있지만 이 사람의 질문은 정당한 것이었다. 그는 복음을 회피하려고 하지 않았다.

윌리엄 페이(William Fay)는 질문을 던지고 나서 사람들로 하여금 예수님, 천국과 지옥, 그리고 구원에 대해 무엇을 믿는지 말하게 한다.[28] 그리고 그는 묻는다. "당신이 말씀하신 것이 진리가 아니라면, 알기를 원하십니까?" 다른 사람들의 뜰에 공을 넘기는 것이다. 아니라고 하면 대화는 끝이 난다. 그렇다고 대답하면 그를 복음으로 초청할 수 있을 것이다.

어떤 사람의 영적 체험을 말해주는 경우에 사용할 수 있는 또 다른 접근 방식은 이렇게 묻는 것이다. "그 경험을 통해 하나님께서 당신에게 말씀하시려는 것은 무엇일까요?" 이렇게 묻는 것이 항상 옳다고 생각하지는 않는다. 그러나 하나님의 영이 세상에 역사하시며 사람들을 진리로 이끌고 계시는 것을 믿는다면, 하나님은 사람이 특별한 계시를 접하게 하는 과정에서 자연적인 계시를 통해 역사하신다는 것도 인정해야 한다(예를 들어, 사도행전 10:1-8에 나타난 베드로의 고넬료에 대한 환상).

이 장의 앞부분에서 언급했던 악마에게 쫓기는 꿈을 꾸었다는 여

성을 예로 들어 보자. 그의 이야기는 이렇게 전개되었다:

> 악몽을 꾸었는데, 사람들을 계속 죽이는 한 남자가 있었다. 나는 그에게서 계속 도망쳤다. 그가 곧 나를 따라 잡았지만, 그의 얼굴을 볼 수는 없었다. 꿈의 막바지에 그의 얼굴을 볼 수 있었다. 그것은 악마였다. 그가 나를 죽이려고 했다. 그때 나는 소파에서 굴러 바닥에 떨어지며 잠에서 깨어났다. 잠에서 깨어난 후 종교적인 사람이었던 엄마에게 전화해 꿈 이야기를 했다. 엄마는 "얘야, 무엇을 그렇게 잘못했기에 악마가 너를 쫓아왔니?"라고 물었다. 나는 모른다고 대답했다. 내가 무엇을 그렇게 잘못했는지 생각이 나질 않았다.

바로 그때 그에게 필요한 적절한 질문이 생각났다. "그 경험을 통해 하나님이 당신에게 말씀하기 원하시는 것은 무엇일까요?"라고 질문하자 그는 머뭇거렸다. 내가 알 것 같다고 말하면서 그에게 복음을 전했다. 모든 사람이 죄를 범했고(롬 3:23) 악마는 죽이고 멸망시키려고 왔다(요 10:10)는 것으로 시작해서 복음으로 안내했다.

내가 하지 않은 것이 무엇인지 주목하라. 첫째, 하나님이 그 꿈을 통해 분명하게 말씀하신다고 이야기하지 않았다. 나는 이에 대해 확실히 알지 못하지만 가능성은 분명히 있다고 생각한다. 두 번째, 나는 그 경험을 성경과 동등한 수준으로 놓지 않았다. 세 번째, 나는 그 경험을 모든 꿈의 해석을 쥐고 계신 하나님과 연결하는 문으로 사용할 방법을 찾았다. 그를 주님께 인도하기 위해 그 경험을 사용했던 것이다.

🧠 고려해야 할 질문들

- 일상적인 주제에서 복음으로 대화를 연결하는 것이 어려운가? 어렵다면 왜 그런가?
- 복음으로 대화를 전환하기 위해 자연스러운 기회들을 의식적으로 찾고자 하는가? 그렇지 않다면 불신자들과 대화하는 과정에서 더욱 민감하게 반응할 수 있도록 기도하라.

제29장
가족들이나 친한 친구들에게 복음을 전하는 최선의 방법은 무엇인가?

"대화 전환 방법을 알게 돼서 전도에 도움이 될 것 같아요." 마크가 이야기했다.

"사실 저도 여전히 배우고 있어요." 로베르토가 말했다. "이러한 방법들이 전도에 상당히 유용하게 활용되었던 것 같아요."

"그런데, 복음을 증거할 때 가장 어려운 대상은 누구일까요?"

"불가지론자, 무슬림, 무신론자 같은 사람을 말씀하시는 건가요?"

"그냥 일반적으로요." 마크는 어떻게 질문해야 할지 잘 몰랐다.

로베르토는 한숨을 지으며 대답했다. "글쎄요, 개인적으로 내 가족과 친한 친구들이 가장 어려웠어요."

"왜요?"

"아마도 그들이 내 인간적인 모습을 너무나 잘 알고 있기 때문인 것 같아요. 아니면, 제가 그들과 너무 친해서 이런 주제에 대해 이야기를 하면 관계가 틀어질까 봐 염려하기 때문 아닐까요? 좋은 질문이네요, 마크. 제가 보기엔 많은 요인들이 얽혀 있는 것 같아요."

"재밌네요. 사실 저는 거꾸로 얘기하는 걸 들었거든요." 마크가 자신의 의견을 말했다. "어떤 사람들은 낯선 이들보다는 가족이나 친구들에게 복음을 전하는 것이 더 쉬웠다고 이야기했어요."

"맞아요. 모든 관계는 다 다르거든요. 저는 그냥 제가 경험한 것을 말씀드렸을 뿐입니다."

"가족이나 친한 친구들에게 복음을 전할 때 필요한 말씀에 대한 조언을 부탁드려도 될까요?" 마크가 물었다.

💡 KEY POINT
때로는 가까운 관계가 전도에 가장 효과적이다.

마크의 질문과 관련해 도움이 될 수 있는 몇 개의 성경 구절이 있다. 때로는 친한 사람들에게 복음을 전하는 것이 힘든 경우가 있다. 나도 과거에 예수님을 믿지 않는 가족에게 복음을 전하려 로베르토와 비슷한 경험을 한 적이 있다. 그들을 진정 사랑하고 그들을 위해서 꾸준히 기도하지만 그럼에도 어려움은 있다.

가까운 가족과 친구

주의할 만한 구절을 요한복음 첫 장에서 발견할 수 있다. 예수님은 열두 제자를 부르시며 그분의 사역을 시작하신다(35-51절). 처음으로 부르신 제자들 중에는 시몬 베드로의 형제인 안드레가 있었다. 안드레는 예수님을 만난 후 시몬 베드로를 찾아 예수님을 만나 보라고 청했다. 다음날 예수님은 빌립을 부르셨고, 그 후 빌립은 나다나엘을 찾아 예수님에 관해 이야기했다. 나다나엘의 질문과 매우 비슷하게 가족들과 친구들이 우리의 믿음에 대해 물을 수 있다. 그러나 그들이 의구심을 가지고 있다면 우리는 빌립과 같이 겸손한 모습으로 그들 스스로 예수님을 찾도록 초대해야 한다.

때로는 가까운 관계가 전도에 가장 효과적이다. 이러한 예는 요한복음 4장에서 찾아볼 수 있는데, 사마리아 사람들은 동네의 한 여인의 증거로 예수님을 믿게 되었다(39절). 그리고 예수님이 레위(마태)에게 자신을 따르라고 부르셨을 때, 레위는 자기 집에 잔치를 열어 친구들과 세리들을 불러 존귀한 손님을 만나게 했다(눅 5:27-32).

배우자

남편과 아내에게 복음을 전하는 경우에 도움이 되는 구절은 베드로전서 3:1-2이다. "**아내들아 이와 같이 자기 남편에게 순종하라 이는 혹 말씀을 순종하지 않는 자라도 말로 말미암지 않고 그 아내의 행실로 말미암아 구원을 받게 하려 함이니 너희의 두려워하며 정결한 행실을 봄이라.**" 앞에서 논의한 바와 같이(제18장 참조) 여기서 베드로의 가르침은 아내들이 남편 앞에서 선한 행실을 할 뿐 아무 말도 하지 말라는 뜻이 아니다. 항상 그렇듯이 문맥을 고려해야 한다. 이 성경 본문의 뒷부분에서 베드로는 아내와 남편들에게 이렇게 권면하고 있다. "너희 마음에 그리스도를 주로 삼아 거룩하게 하고 너희 속에 있는 소망에 관한 이유를 묻는 자에게는 대답할 것을 항상 준비하되 온유와 두려움으로 하고 선한 양심을 가지라 이는 그리스도 안에 있는 너희의 선행을 욕하는 자들로 그 비방하는 일에 부끄러움을 당하게 하려 함이라"(15-16절). 앞에서 주목했던 바와 같이(제18장 참조), 믿지 않는 남편들은 믿는 아내와 항상 함께 지내기에 예수님에 관해 나누는 아내들의 말이 예수님과 함께 하는 그들의 삶과 부합하는지 확인할 수 있다. 따라서 이런 남편들은 생활 방식의 변화, 행동하는 믿음, 실천하는 믿음을 보기 원했다. 아내들은 언행이 일치하도록 주의해야 했고, 남편과 나누는 모든 대화들이 복음과 연관되는 것은 아니었다. 즉 복음의 능력이 나타나기를 바라면서 아내들은 하나님을 믿지 않는 남편들 앞에서 하나님을 경외하는 아내로 살아야 했다.

베드로에 의하면 우리가 예수님을 좇는 자들이라고 배우자들에게 말로만 하는 것과, 그것을 매일 삶에서 증명하는 것은 다른 일이다. 나는 베드로의 말이 우리가 그리스도를 따르는 것을 알고 우리의 삶을 가까이서 지켜보고 있는 가족이나 친구들이 있는 우리 모두에게 적용된다고 믿는다.

🍂 고려해야 할 질문들

- 더 열심히 기도하고 노력해서 복음을 전해줄 가족과 친구들이 있는가?
- 예수님이 당신의 삶을 어떻게 변화시켜 주셨는지 가족이나 친구들이 볼 수 있도록 바꾸어야 할 당신의 생활 방식이 있는가? 과거 당신의 생활 방식 때문에 예수님을 충분히 못 전했다는 것을 인정한다고 가족과 친구들에게 고백해야 할 것이 있는가?

제30장
전도한 후에 미래에 나누게 될 모든 주제에 대해 말해 주어야 하나?

"이제 테드 삼촌에 대해 이야기하고 싶어요." 마크가 말했다.
"당신이 그분께 복음을 전해왔지요," 로베르토가 말했다.
"사실은 그분 친구인 찰리 아저씨에 대해 이야기하고 싶어요."
"좋아요, 어떤 얘기요?"
"음…, 삼촌이 신앙에 관심을 갖지 않으시는 이유는, 찰리 아저씨가 삼촌 주위에 계실 때마다 항상 복음을 나누었기 때문이에요. 사실 저도 신앙인이라 삼촌이 주님께 나오시길 바라지만, 찰리 아저씨의 접근 방식은 솔직히 제 마음마저도 불편하게 했다니까요. 물론 이렇게 이야기하는 것도 양심에 가책을 느끼지만요."
"왜 불편하죠? 잘못된 정보를 전했나요?" 마크가 무슨 말을 하고 있는지 알고 있었지만 로베르토는 이렇게 물었다.
"아니요. 감사하게도 잘못된 복음을 전하시지는 않았어요. 좋지 않은 때에 복음을 전하시는 것이 문제죠. 그리고 모든 대화를 영적인 주제로 바꾸려 하세요. 심지어 다른 주제에 대해 대화할 때도 회개하라고 촉구하신다니까요. 그분 마음은 이해할 수 있어요. 그런데 그분은 삼촌과 공원에서 운동에 관한 이야기를 하며 걷다가 바위를 보면, 예수님이 반석 위에 자기 교회를 세우신다고 약속하셨다고 말씀하는 식이에요. 그리고 순식간에 예수님에 관한 모든 이야기를 독백처럼 이어가세요. 삼촌은 한마디 말씀도 못 하시죠."

"이에 대해 찰리 아저씨께 말씀드려 봤나요?"

"한 번요. 그렇지만 저는 아저씨를 그렇게 잘 알지 못해요. 삼촌의 친구세요. 그냥 제가 염려하는 바를 말씀드리고, 계속해서 삼촌을 위해 기도하며 복음을 전해달라고 부탁드렸죠. 아저씨는 때를 얻든지 못 얻든지, 시기가 좋던지 그렇지 않던지 복음을 전하며, 복음은 구원을 주시는 하나님의 능력이기에 그 메시지를 삼촌께 들려주어 복음이 역사하게 해야 한다는 기본적인 입장을 말씀하셨어요. 제가 볼 때 아저씨는 마치 복음을 해리 포터의 주문이나 마술로 보는 사람 같았어요. 어떤 사람에게 온갖 좋은 말씀을 쏟아 부으면, 그것이 심하고 무례하다 해도 역사할 것이라고 믿는 인물 같이요."

"그렇군요." 로베르토는 마크의 생각과 느낌이 어떤 것인지 알 수 있었다. 그도 전에 찰리와 비슷한 상황을 겪은 적이 있었다.

"누군가에게 복음을 나눌 때 복음에 대해 의견을 나눈 후 얼마나 자주 다시 그 주제로 돌아가 이야기를 해야 하지요? 복음을 신실하게 나누기를 원하지만 찰리 아저씨 같은 사람이 되기는 싫거든요." 마크가 말했다.

"같이 생각해 봅시다. 당신의 심정을 이해할 수 있을 것 같네요.

그리고 찰리 아저씨가 왜 그렇게 되셨는지 알 것도 같네요."

때를 얻든지 못 얻든지 복음을 전해야 하는 것이나 복음이 구원을 위한 하나님의 능력이 된다는 것은 사실이다. 소망의 메시지를 듣지 아니하면 믿을 수 없다는 것도 사실이다(딤후 4:2; 롬 1:16; 10:14). 그러나 이 진리들이 비상식적으로 전달되어야 한다는 것을 의미하는가? 대화 중에 회개하고 예수님을 믿어야 한다는 이야기가 없으면 우리의 대화는 부족한 것인가? 정상적인 사역 방식이나 대화가 아닌, 사회적으로 볼 때 비상식적인 방식으로 불신자들에게 접근해야 하는가? 앞으로 만날 모든 사람들에게 그들이 신자라는 사실을 알 때까지 구원의 계획에 대한 모든 것을 이야기해 주어야만 하는가?

> **KEY POINT**
> 당신은 누군가에게 복음을 전한 후에도 지속적으로 그와 대화를 나눌 수 있도록 항상 준비해야 한다.

복음을 나눌 준비를 하라

당신은 누군가에게 복음을 전한 후에도 지속적으로 그와 대화를 나눌 수 있도록 항상 준비해야 한다. 그에게 새로운 질문이 생길 수도, 마음이 열릴 수도 있기 때문이다. 그러니 준비하라. 계속해서 기도하고 또 주님이 그들을 위해 베풀어 주실 은혜의 기회를 찾으라.

미래의 대화들

앞으로 주어질 상황에서 복음을 나눌 수 있도록 준비하는 한편, 인간은 사회적 존재임을 인정해야 한다. 두 사람이 나누는 대화 내용이 계속 동일한 메시지만으로 이루어진다면 지속적인 만남은 불가능하게 될 것이다. 어떤 사람에게 복음을 전한 다음 지속적인 관계를 형성해 나가기 위해서는 대화 속에 예수님을 믿는 신앙 외에 일상의 대화들도 포함되어야 한다.

많은 사람들이 복음에 대해 불편하고 어렵게 생각한다(롬 9:33, 벧전 2:8). 그렇지만 '우리가' 그렇게 될 필요는 없다. 당신과 나는 복음이 가장 중요한 소식이라는 것을 알지만 불신자들은 이 사실을 모른다. 흠집 난 레코드판처럼 같은 메시지를 반복해서 전한다면 그들은 불쾌해 할지도 모른다. 우리 행동이 그들 마음 상태에 관심이 없는 것으로 보이면 우리의 좋은 의도는 무감각하고 무관심한 것처럼 인식될 것이다. 우리가 예수님을 좇는 사람임을 아는 사람들이 우리의 삶과 생활 방식을 주시하고 있다는 사실을 기억해야 한다.

구약 성경의 예

구약 성경을 보면 불신자들 사이에서 주님의 증인으로 살았던 사람들을 발견할 수 있다. 예를 들어 요셉, 다니엘, 사드락, 메삭, 아벳느고의 삶은 우리가 어떻게 불신자들과 함께 살아야 하는지 통찰력을 제공한다. 그들은 자신들이 속한 사회에 헌신적으로 봉사하는 삶을 살았으며, 기회가 있으면 언제든지 복음을 증거하였다. 이들은 세상에 빛을 비추는 삶을 사는 동시에 자신들이 속한 공동체 안에서 책임과 역할을 감당하는 모습을 보여 주었다.

지혜로운 말

잠언은 경우에 합당한 말에 대해 많이 언급하고 있다. 다른 사람들과 대화할 때 지혜와 분별을 사용해야 한다는 것이다.

- "칼로 찌름 같이 함부로 말하는 자가 있거니와 지혜로운 자의 혀는 양약과 같으니라" (잠 12:18)
- "네가 말이 조급한 사람을 보느냐 그보다 미련한 자에게 오히려 희망이 있느니라" (잠 29:20)
- "경우에 합당한 말은 아로새긴 은 쟁반에 금 사과니라" (잠 25:11)

지혜로운 행실

열두 제자를 파송하시기 전 예수님께서는 제자들이 복음을 전할 때 "뱀처럼 지혜롭고 비둘기처럼 순결하라"고 가르치신다(마 10:16). 특히 지인들에게 복음을 전한 이후에 우리의 삶에 대해 주의를 기울여야 한다.

> "너희는 세상의 소금이니 소금이 만일 그 맛을 잃으면 무엇으로 짜게 하리요 후에는 아무 쓸 데 없어 다만 밖에 버려져 사람에게 밟힐 뿐이니라 너희는 세상의 빛이라 산 위에 있는 동네가 숨겨지지 못할 것이요 사람이 등불을 켜서 말 아래에 두지 아니하고 등경 위에 두나니 이러므로 집 안 모든 사람에게 비치느니라 이같이 너희 빛이 사람 앞에 비치게 하여 그들로 너희 착한 행실을 보고 하늘에 계신 너희 아버지께 영광을 돌리게 하라" (마 5:13-16)

바울 역시 복음을 전할 때 지혜로워야 한다고 권면하고 있다. 바울은 골로새 교인들에게 편지하며 주의를 당부했다. "외인에게 대해서는 지혜로 행하여 세월을 아끼라 너희 말을 항상 은혜 가운데서 소금으로 맛을 냄과 같이 하라 그리하면 각 사람에게 마땅히 대답할 것을 알리라"(골 4:5-6).

아울러 이 책 제18장과 제29장에서 논의했듯이, 불신자 남편과 결혼한 아내들에게 전한 베드로의 권면(벧전 3:1-4)을 기억하라. 여기에 적용할 수 있는 원리들을 찾을 수 있다. 온유한 마음, 동정심, 순전한 삶, 존중하는 태도, 그리고 신실한 삶의 방식들은 복음을 들었던 이들에게 강력한 영향력을 미쳤다.

💭 고려해야 할 질문들

- 당신이 복음을 전한 사람들을 생각해 보라. 그들에게 어떻게 지속적으로 지혜로운 증인이 될 수 있겠는가?
- "복음은 불편한 것일 수 있지만 우리는 그렇게 되지 말아야 한다"는 진술에 대해 어떻게 생각하는가?

제31장
예수님 따르기를 원하는 사람들에게 어떻게 해야 하나?

학기가 지나면서 마크는 봄방학을 기다리고 있었다. 마크는 친구와 함께 나흘간 캠핑을 하며 카누를 즐길 계획이다. "오늘 저녁은 파이나 에스프레소를 못 먹어요," 마크가 로베르토에게 말했다. "보통 커피 한 잔 만요. 봄 방학을 위해 돈을 좀 아껴야 하거든요."

"예? 후식도 없고, 에스프레소도 없나요?" 로베르토가 조금 과장스럽게 물었다. "충격인데요. 당신 괜찮아요?"

"그만하세요! 앞으로 몇 주 동안 블랙커피만 먹어야 해요."

"농담입니다. 어떻게 보면 당신에게 잘된 일이네요! 마크, 당신이 자랑스러워요."

"음, 오늘은 무슨 얘기를 나눌까요?" 마크가 물었다.

"잘 모르겠어요. 잠깐만요. 파이 한 조각하고 거품을 낸 작은 모카 라떼를 먹고 싶은데요!" 로베르토가 말했다. 마크가 로베르토를 노려보았다.

그러자 로베르토가 분위기를 바꾸며 말했다, "자 재즈맨의 문신에 대해 이야기해 봅시다. 재즈맨이 '엄마'라고 쓴 정말 멋진 문신을 하고 있는 것을 봤어요."

"그건 재즈맨에 관한 것일 뿐이지, 재즈맨 그 사람 자체에 관한 것은 아니죠! 그 사람을 괴롭히지 마세요. 그는 정말 좋은 사람이에요." 마크는 대답했다. "덕분에 그가 어머니를 무척 사랑하고 있다는 걸 오늘 알게 됐네요. 오늘은 좀 짓궂으신 것 같은데 무슨 얘기를 하시려고 이러시죠?"

둘은 친구들 간에 나누는 농담을 몇 마디 주고받은 후에 그날 저녁 관심사에 대해 대화를 시작했다.

"예수님을 따르겠냐는 말에 '예'라고 대답한 사람들을 예수님께 인도한 적이 있나요?" 마크가 진지하게 물었다.

"예, 있습니다."

"예수님을 따르라는 권면에 긍정적으로 답한 사람들에게 다음으로 무엇을 말해 주어야 하는지 이야기해도 될까요?"

"물론이죠," 로베르토가 대답했다.

> **KEY POINT**
>
> 회심한 후 사람들이 건전한 길을 걸어가도록 후속 조치를 시행하는 것이 매우 중요 하다는 것을 인식해야 한다.

어떤 사람이 예수님을 따르고 싶다고 말한다는 것은 놀라운 사건이다. 그러나 불행하게도 많은 사람들은 한 사람을 예수님께 인도하는 것이 마치 로켓을 다루는 고차원적 과학과 같은 것이라 생각한다. 이에 더해, 전문적인 목회자만이 전도의 대화를 다음 단계로 진척시킬 능력을 갖고 있다고 생각하는 경향이 있다. 우리는 씨를 뿌리는 일을 해 왔을 뿐이니 빌립보 감옥 간수의 질문인 "어떻게 해야 구원을 얻으리이까?"라는 물음에 답할 능력이 없다고 믿는 것과 같이 말이다.

내가 고등학교를 다닐 때 예수님을 믿지 않는 친구가 있었는데 그에게 잠시 복음을 나눈 적이 있었다. 마침내 그가 "그래, 나는 예수님을 믿을 거야. 이제 무엇을 해야 되지?"라고 물었다.

나는 그 순간 아무 말도 하지 못했다. 내가 다음으로 취한 행동은? 나는 그 친구를 내 트럭에 태우고 내가 다니는 교회의 목사님들 중 한 분을 만나게 해 주었다.

왜 아무 말도 하지 못했을까? 그의 영적 여정의 중요한 순간인 이때에 왜 나는 그 친구를 안내하기 위해 목사님 중 한 분을 찾아야 했을까? 나는 한 사람을 신앙으로 인도하는 과정이 여러 단계에 걸친 어려운 책무라고 생각했다. 지금은 그 생각이 맞지 않다고 생각한다.

따라서 누군가 당신에게 "그래요, 나는 예수님을 믿고 싶습니다. 무엇을 해야 하지요?"라고 물을 때를 위한 답변을 준비하라. 이를 준비하는 데 도움이 되는 다음의 지침을 참고하라.

놀라지 말라

첫 번째로 명심해야 할 점은 두려움으로 얼어붙지 말라는 것이다. 누군가를 하나님의 주권적인 사랑에서 끊을 수 있는 것은 아무것도 없다. 어느 누구의 구원도 당신에게 달려 있지 않다.

질문을 몇 개 하라

당신과 이야기하는 사람이 복음의 메시지를 제대로 이해했는지 확인하는 질문을 던지라. 우선 나는 사람들이 하나님에게서 단절되어 있다는 말을 이해하는지, 그리고 왜 그분에게서 단절되었는지 아느냐고 묻는다. 그 다음 예수님이 누구신지, 왜 세상에 오셨는지 묻고, 그분이 유일한 구세주이시며 그들의 죄를 위해 죽으시고 죽음에서 부활하셨음을 믿는지 질문한다. 끝으로 그들이 예수님을 주로 믿는지 물어본다. (앞의 진술들이 함축하는 의미가 무엇인지 이 책의 다른 장에서 설명했기 때문에 여기서 다시 반복하지는 않겠다.)

성경이 말씀하는 바를 간단히 나누라

다음으로 성경이 무엇을 하라고 말씀하시는지 나누라. 그렇다면 이 주제에 관하여 성경은 무엇이라 말씀하는가? 바울과 실라가 빌립보 감옥의 간수에게 물었을 때 무엇이라 답했는지 주목하라. "그들을 데리고 나가 이르되 선생들이여 내가 어떻게 하여야 구원을 받으리이까 하거늘 이르되 주 예수를 믿으라 그리하면 너와 네 집이 구원을 받으리라 하고 주의 말씀을 그 사람과 그 집에 있는 모든 사람에게 전하더라"(행 16:30-32). 또 바울이 로마서에서 기록하고 있는 것을 볼 수 있다. "네가 만일 네 입으로 예수를 주로 시인하며 또 하나님께서 그를 죽은 자 가운데서 살리신 것을 네 마음에 믿으면 구원을 받으리라 … 누구든지 주의 이름을 부르는 자는 구원을 받으리라"(롬 10:9, 13).[29]

우리는 예수님을 믿으라고 말해야 한다. 분명히 믿음은 예수님이 누구이신지 무엇을 하셨는지에 대한 단순한 지적 동의가 아니다. 귀신도 예수님을 알고 있으며 자신들이 구원받지 못했다는 것도 안다는 점을 기억해야 한다(막 2:24; 5:7). 성경 말씀이 예수님을 믿으라고 사람들을 초청할 때 그 부름은 회개를 위한 것이다. 죄에서 돌이키고 죄 용서와 구원을 위해 하나님께로 돌아서라는 부름이다. 이는 사람들로 하여금 예수님이 온 우주의 주인이시며, 죄를 위해 죽으시고, 그들을 위해 죽음에서 부활하셨다는 사실에 동의하도록 초청하는 것이다.

영접 기도(제27장을 보라)를 통해 인도하는 것을 반대하지는 않지만, 구원받기 위해 그러한 행습이 필수적이라고 말하는 성경 구절이 없는 것을 솔직하게 인정해야 한다. 구원을 위해 기도하고, 목사에게 고백하고, 침례(세례) 교육을 수료하고, 침례(세례) 받고,[30] 강단 앞으로 걸어 나오고, 감정적 체험을 하고, 귀로 들을 수 있는 하나님의 음성을 듣고, 바닥에서 구르는 등의 일들이 필요하다고 말씀하지 않는다. 또한 하나님께 고백하는 것이 공통적이고 수용할 만한 반응이지만, 성경은 구원받기 위해 하나님께 무언가 말해야 한다고 명하지 않는다. 예수님이 자신들의 삶의 주인이시라고 진정으로 믿는 자들이 곧 구원받고 하나님의 나라에 속한 자들이다.

죄와 하나님의 구원의 계획에 대해 분명히 알고 있는 사람들에게 그 다음 무엇을 말해 주어야 하는가? 간단하다. "예수를 믿고 죄에서 돌이켜 그분을 당신 인생의 주인으로 선언하라." 이 선언을 지체없이 하라고 권해야 한다. "지금은 은혜 받을 만한 때"이기 때문이다(고후 6:2).

후속 조치

성경은 회심자가 아니라 제자를 삼으라고 명령한다(마 28:19). 예수님을 주로 고백하고 나면 여정이 시작된다. 새신자들에게 24시간 내에 이 좋은 소식(복음)을 다른 이들에게 나누라고 권면하라.

빠른 시간 내에 새신자들은 침례(세례)를 받고, 성경을 소중히 여기는 지역 교회에서 은사와 달란트에 따라 사역을 시작해야 한다. 기도하는 법과 성경 공부하는 법을 배워야 한다. 그들은 또한 영적 전쟁의 실재를 이해하고 지금 이 땅에서 어떻게 승리하는 그리스도인의 삶을 영위하는지 알아야 한다.

이 책의 범위는 "이 모든 것들 가르쳐 지키게 하라"(마 28:20)는 예수님의 명령에 관련한 중요한 진리까지 이르지는 않지만, 회심한 후 사람들이 건전한 길을 걸어가도록 후속 조치를 시행하는 것이 매우 중요하다는 것을 인식해야 한다. 그리스도 안에서 새로운 삶의 시작점에 있는 이들에게는, 마치 로베르토가 마크를 안내하는 것 같이 좋은 인도자가 필요하다. 당신이 새신자들을 지도하거나, 새신자들을 도와줄 수 있는 사람들을 찾도록 하라.

🍎 고려해야 할 질문들

- 당신이 복음을 전하고 있는 사람이 예수님을 따르고 싶다고 한다면 어떻게 대응할 것인가?
- 예수님을 믿기로 한 사람을 가르치고 이끌어 주겠다고 헌신할 것인가?
- 하나님의 나라에 들어가는 데 필요한 모든 것은 하나님께 회개하고 예수님을 믿는 믿음뿐이라는 사실에 놀랐는가(행 20:21)? 그렇다면 왜 이 일이 그렇게 놀라운가?

제32장
예수님 따르기를 원하지 않는 사람들에게
어떻게 해야 하나?

"와, 오늘 저녁은 운동 경기 때문에 교통 체증이 심할 것이라 생각했는데 당신이 일찍 와서 자리를 잡아 두니 정말 기쁘네요." 마크가 말했다. 경기가 끝나고 많은 사람들이 가게로 몰렸기 때문에 로베르토는 일찍 도착해 문가에 자리를 잡았다. 마크는 키 크고 마른 한 사내가 노숙자 차림으로 로베르트 뒤로 다가오는 것을 보았다.

"실례합니다, 선생님, 커피 한 잔 사게 잔돈 좀 주시겠습니까?"

"어, 좋아요." 그는 놀란 것 같았다.

로베르토는 마크와 자신을 소개했다. 그리고 그 남자의 이름을 물었다. 그는 존이었고, 로베르토는 그와 함께 계산대까지 걸어가며 커피를 다 마실 때까지 함께 앉자고 청했다.

몇 분에 걸쳐 대학 팀에 관한 대화를 나눈 후, 로베르토는 존에게 자신과 마크가 커피숍 '빈스'에서 만나는 이유를 설명했다. "존, 우리 둘은 예수님을 따르는 자들입니다. 매주 만나 인생에 대해, 그리고 성경이 우리가 어떻게 살아야 한다고 가르치는지 토론합니다."

"좋네요. 저도 가끔 교회에 나갑니다. 종교는 도움을 주지요."

"교회에 다니신다니 좋은 일이네요, 존," 로베르토가 말했다. "그것은 중요하지요. 하지만 성경이 가르치는 진리가 한 가지 있어요. 예수님을 따른다는 것은 그분과 삶에서 유대 관계를 갖는 것이지 종교적인 의미로 받아들이는 것을 의미하지는 않아요." 로베르토는 커피를 한 모금 마시기 위해 잠시 쉬며 존이 받아들일 시간을 주었다. "존, 종교는 하나님의 선의를 얻기 위해 내가 노력하는 것이나 하나님이 용서하시고 천국에 받아 주시도록 악한 행실보다 많은 선행을 추구하는 것을 말합니다." 존이 끄덕였다.

"그러나 성경에서 예수님이 말씀하시는 것은 하나님과의 관계입니다. 예수님은 우리의 죄를 용서하시고 하나님을 인격적으로 만나는 데 필요한 모든 것을 십자가에서 이루셨습니다."

이후로 45분 동안 로베르토와 마크, 그리고 존은 복음과 이 복음을 어떻게 삶의 모든 영역에 적용할 수 있는지 대화를 이어갔다. 존은 성경, 하나님, 예수님, 교회, 다른 종교, 알콜 중독, 비틀즈, 폭력주의, 미국 정부, 베트남, 그리고 세금에 대해 질문했다. 어떤 질문은 중요한 것이었지만 그렇지 않은 것도 있었다. 그러나 로베르토와 마크는 모든 질문에 진지하게 답했다.

대화가 끝나갈 무렵 존은 아직 예수님을 따르는 자가 될 준비가 되지 않았다고 말했다. "그렇지만 당신들은 내가 생각해 보아야 할 중요한 것들을 이야기해 주셨습니다"라고 말했다. 그는 고맙다며 악수를 하고는 문을 열고 인도를 따라 밤길 속으로 걸어갔다.

어떤 사람이 예수님을 따르고 싶지 않다고 분명히 밝힐 때 우리가 할 수 있는 일은 그들이 계속해서 속박 가운데 하나님과 단절된 상태에 있도록 두는 것 뿐이다. 우리는 그 누구도 구원할 수 없다. 어느 누구도 예수님을 주라고 거짓으로 고백하도록 조종해서는 안 된다. 복음을 전하는 데 있어서 내가 해야 할 일을 충실히 감당했다면 나머지는 성령님의 손에 맡겨야 한다.

> **KEY POINT**
> 오늘 예수님을 거부했다고 내일도 그럴 것이라고 생각하지 말아야 한다.

이번 장에서 예수님을 따르는 데에 관심이 없다고 사람들이 말할 때 어떻게 해야 할지 몇 가지 실천 방안 목록을 제시하고자 한다.

우리를 거절하는 것이 아니라는 사실을 인식하라

복음에 긍정적으로 반응하지 않을 때 사람들은 예수님을 거절하는 것이지 우리를 거부하는 것은 아니다. 거절을 나에 대한 것으로 생각할 필요는 없다. 우리 자아가 예수님보다 중요하다고 생각한다면 그 교만함을 회개해야 한다.

결정을 존중하라

우리는 하나님께서 베푸시는 구원을 거절하는 이의 결정이 기쁘지는 않지만 그 사람의 선택을 존중해야 한다. 수세기 동안 이 원칙이 지켜졌더라면 강요된 "개종"이나 무력으로 기독교화한 역사의 기록은 존재하지 않았을 것이다.

전도의 문을 계속 열어 두라

오늘 예수님을 거부했다고 내일도 그럴 것이라고 생각하지 말아야 한다. 처음에는 복음을 받아들이지 않았지만 나중에는 기쁜 마음으로 복음을 수용한 개인들이나 그룹들에 대한 성경적, 역사적 증거들이 있다. 당신이 이야기하는 사람들에게 당신이 항상 그들의 질문에 대해 토론할 마음이 있다는 것을 알게 하라.

결과를 기억하게 하라

야고보는 인생을 오늘 여기 있다가 오후에 사라지는 안개와 같다고 기록하고 있다(약 4:14). 그들의 죽음을 사람들에게 상기시키는 것이 항상 즐거운 일은 아니지만, 나는 우리 중 누구도 내일이 올 것이라고 보장하지 못하기 때문에 그들에게 신앙의 결정을 빨리 내리도록 권장한다. 이러한 권면은 우리의 목소리에 은총, 걱정, 사랑을 담고, 오만이나 분노의 태도는 없이 이루어져야 한다.

소책자를 남겨 두라

여러분 중에는 '소책자요? 진부해요!' 이렇게 생각하는 사람들이 있을 것이다. 당신은 아마도 머리에 가르마가 있고 유행이 지난 폴리에스테르 양복과 넥타이를 하고 길모퉁이에 서서 작은 복음 전도용 소책자들을 나누어 주는 사람들을 연상할지 모른다.

소책자들은 도구일 뿐 그 이상도 이하도 아니다. 소책자는 친분이 있거나 당신이 이미 복음에 대해 대화할 기회가 있던 누군가에게 유용하게 사용할 수 있다. 복음을 전했지만 예수님을 따르지 않겠다는 사람들에게 나는 이렇게 이야기한다. "우리가 지금까지 나눈 이야기를 간단하게 요약한 소책자를 드리고 싶습니다." 이 소책자를 건네주며 나중에 읽어보고 함께 토론한 내용을 잘 생각해 보라고 권면한다.

복음 전도지 한 장의 가치는 그것이 당신이 떠난 이후에도 그 사람과 함께 한다는 데 있다. 성령님은 그런 자료를 통해 역사하신다. 어떤 사람은 이런 자료를 집에서 혼자 읽고 예수님의 말씀을 생각해 볼 수도 있을 것이다. 나는 어디를 가든지 그런 자료를 항상 가지고 다닌다. 가끔 누군가와 좋은 대화를 나누다가 중단되는 경우가 있다. 그런 상황에서는 이런 자료를 주고 헤어질 수 있다는 것이 얼마나 감사한지 모른다.

여기서 분명히 밝혀야 할 점이 있다. 나는 일반적인 소책자를 사용하지 않는다. 소책자를 사용하려면 그것들이 죄, 하나님, 하나님에게서 단절된 우리, 예수님과 그분의 죽음과 부활, 회개와 믿음, 그리고 예수님을 믿기로 결단한 이후 이어지는 단계들에 대해 설명하는 분명한 복음의 메시지에 관련된 성경 구절들을 포함하고 있는지 확인해야 한다. 또한 시각적으로 호소력을 갖는 자료들을 사용하라고 권하고 싶다.[31] 교회에 있는 오래된 등사기로 인쇄해 5년 전에 만든 것 같아 보이는 소책자를 본 적이 있다. 하나님이 주시는 사랑의 선물을 나누려고 한다면 포장지도 멋지게 보이도록 신경을 써야 한다. 하나 더 첨가하자면, 후속 조치를 위한 당신의 연락처를 소책자에 넣어야 한다는 것이다.

계속해서 기도하라

주님이 주시는 구원을 거절한 사람들 하나하나를 기억하며 기도하라. 성령님이 그분의 증거와 그들에게 전달한 소책자를 사용하여 역사하시도록 기도하라. 당신 이외의 다른 사람들도 이들을 위해 복음을 전할 수 있도록 기도하라.

계속해서 기회를 찾으라

예수님이 주시는 구원을 거절한 사람과 교제할 기회가 앞으로 주어진다면 기도하며 복음을 나눌 기회를 찾으라. 이어질 대화가 반드시 영적인 것이어야 한다고 생각하지 마라. 그러나 대화의 가능성은 열어 두어라. 당신이 복음을 전한 사람들은 당신이 믿는 진리를 살펴보며 당신의 행동, 태도, 언어를 눈여겨볼 것이다. 특히 그들이 당신이 전한 예수님을 거절했기 때문에 앞으로 당신이 자신들을 어떻게 대하는지도 주시할 것이다. 성령이 이끄시는 대로 복음을 전하려는 목적을 가지고 기도하고, 또 기회의 때를 찾으라.

🧠 고려해야 할 질문들

- 로베르토와 마크가 존을 만났던 순간을 떠올려 보라. 당신도 비슷한 상황을 접하게 되면 복음을 전할 기회를 찾겠는가? 아니면 존에게 단순하게 커피 한 잔과 돈을 좀 주겠는가, 또는 무시할 것인가? 당신의 대답에 대한 이유를 말해 보라.

- 사람들이 그리스도의 선물을 거절하면 그들이 당신을 거부한다고 느끼는가? 그렇다면, 왜 그렇게 느끼는가?

- 누군가 예수님을 거부하면 그의 결정을 존중하는데 어려움을 겪는가? 이 사람이 앞으로 가질 수 있는 기회의 문을 열어 놓기 위해 당신이 실제적으로 할 수 있는 일은 무엇인가?

- 전도할 때 전도용 소책자를 사용하는 것을 어떻게 생각하는가? 한두 권을 가지고 다닐지 고려해 보겠는가? 아니면, 기회가 될 때마다 다른 사람들에게 쉽게 전해줄 다른 자료들을 가지고 다닐 생각은 있는가? (예를 들어, 복음 전도적인 웹사이트의 링크가 적혀진 카드)?

제33장
전도할 때 나의 행동이 예수님과 같지 않은데
어떻게 해야 하나?

"당신이 다른 사람에게 예수님을 전하는 것을 처음 봤어요," 마크가 말했다.

"당신도 도왔잖아요. 그리고 많은 도움이 됐어요! 자랑스러워요."

"당신은 사람들과 대화를 참 잘하시는 것 같아요," 마크가 말했다.

"글쎄요. 그렇게 칭찬하시니 부끄럽네요. 그렇지만 잘한다고 생각하지는 않아요," 로베르토가 대답했다. "제가 처음 주님과 동행하던 시기를 당신이 보지 못한 것이 감사할 따름입니다."

"무슨 말이죠?"

로베르토는 웃었다. "사실 저는 친절하지 못했어요. 마치 시트콤 자인펠드에 등장하는 숩 나찌(Soup Nazi) 같았어요. 예수님을 따르지 않겠다고!? 그러면 국물도 없어!"

마크는 웃었다. "그걸 봤어야 했는데! 오늘 밤 우리가 속마음을 모두 털어놓기로 한다면, 내가 얼마나 바보처럼 살아왔는지 다 털어놓아야 할 거예요. 사실 이와 관련해서 제 머릿속에는 학교에서 만났던 두 사람이 떠오르네요. 당시 제가 그들을 대했던 태도를 돌이킬 수 있으면 좋겠어요."

"잘못된 것을 바로잡으면 어떨까요?" 로베르토가 점잖게 물었다.

"어떻게요?"

내가 처음 복음을 전하려고 시도했던 때가 선명하게 기억난다. 고등학교 시절 악단 지도 교사를 위해 한동안 기도했었다. 그는 크리스마스 휴가 기간 중 호두까기 인형 발레 공연을 보러 가는 일일 여행에 3학년 학생들을 초청했다. 소수의 학생들이 갔기에 우리 모두는 종일 긴 시간 동안 지도 교사와 대화를 나눌 수 있었다. 우리 마을에서 왕복 6시간이 걸리는 여행이었고, 나는 앞자리에 앉을 수 있었다. 내 편에서는 의도적인 것이었다.

> **♀ KEY POINT**
> 관계 회복을 위해 노력하라.

그날 내내 나는 계속 기회가 있기를 기도했고, 돌아오는 길에 주님은 그 문을 열어 주셨다. 집으로 오는 고속도로에 설치된 육교에 가까워지고 있었다. "J. D., 육교 밑을 지날 때 안쪽 벽에 무엇이라고 쓰여 있는지 잘 봐," 지도 교사가 말했다. 나는 아무것도 볼 수 없었다. 본인도 아무것도 볼 수 없었기에 살짝 당황한 선생님은 미안해하면서 이렇게 말했다, "어, 이상하네. 이 육교가 아닌가 보네."

"뭐라고 쓰여 있는데요?" 나는 물었다.

그는 혼자 빙긋 웃었다. "누군가 벽에다 '짐 모리슨(Jim Morrison)은 신이다'라는 낙서를 남겼더라고."

짐 모리슨은 도어즈(The Doors)라는 그룹의 리드 싱어였다. 선생님은 그 그룹의 열성적인 팬이었기에, 죽은 짐 모리슨을 위해 헌정한 낙서에 흥분하는 것은 놀라운 일이 아니었다. 순간 나는 이때가 바로 내가 기다려온 기회라는 것을 깨달았다.

"모리슨이 신이라고 쓴 것을 어떻게 생각하세요? 하나님에 대해 어떻게 생각하세요?" 나는 물었다.

이후 15분 동안 선생님은 열정적으로 왜 성경이 틀렸는지, 그리고 모세는 이스라엘 자손에게 십계명을 주어 광야를 떠돌아다니는 이백만 백성이 질서를 지키게 하려 했다고 열심히 말했다. 내가 믿는 것을 나누려고 할 때마다 그는 내 말을 끊고 자기 생각을 더 적극적으로 토해냈다.

지금 여러분은 아마도 그 선생님이 예수님을 믿게 될 것이라는 긍정적인 결말을 생각할지도 모른다. 물론 부분적으로는 긍정적인 결말이기도 하다. 이 상황은 또한 우리가 계속해서 관계와 대화를 이어갈 수 있었다는 점에서 긍정적인 결말이기도 하다. 그러나 그에게 복음을 전하려 노력하는 과정에서 나는 사랑을 보여주지 못했다. 그가 계속 말을 끊고 진리를 반박할수록 나는 점점 더 화가 났다. 너무 화가 나서 볼의 안쪽을 물어뜯고 있었다. 남은 세 시간 동안 입을 굳게 다물고는 그에게 한마디도 하지 않았다. 사실 남은 고등학교 생활 동안 나는 그에게 거의 말을 걸지 않았다.

신자들은 불의에 화를 낼 수도 있다고 생각한다. 그러나 옳은 일로 인해 화가 나는 경우 적절하게 행동해야 한다. 이 선생님은 구원받지 못한 상태에서 그에 따라 행동하며 말했을 뿐인데 나는 그에 대해 부적절하게 대응했다. 불신자들이 신자들처럼 행동하고, 말하고, 생각할 것이라고 기대할 수는 없다. 전도적 삶의 방식은 진리를 옹호하지만 어두움을 꾸짖지는 않는 것이다. 예수님을 위해 살아가려 한다면 어둠의 나라의 쓰레기 더미에서 쏟아지는 많은 양의 오물을 참아내야 한다. 복음 전도는 힘든 사역(dirty work)이다.

우리가 이같은 상황을 마주하게 된다면 모든 것을 잃은 것인가? 그렇지 않다. 우리의 관계가 완전히 끝난 것인가? 그럴지도 모르지만, 그렇지 않을 수도 있다. 그렇다면 우리는 어떻게 해야 하는가?

회개하라

첫째, 복음 전도를 시도하는 과정 중이라 할지라도 일련의 죄를 지었다는 것을 주님이 깨닫게 하시면 즉시 회개하라. 이것은 어려운 일이 아니다. 예수님은 아직도 당신을 사랑하신다. 그분은 당신을 위해 죽으셨다. 그리고 그의 은혜는 당신에게 충분하다. 그분이 창세기에서 요한계시록 사이에서 못된 불한당들을 사용하셨다면, 당신과 같이 겸손한 죄인을 사용해서 그분의 영광을 위해 그분의 왕국을 확장시키실 수도 있는 것이다.

기억하라! 하나님은 사람들이 구원받기를 당신보다 훨씬 더 원하신다. 당신의 실수로 한 영혼이 천국에 들어가지 못하는 것은 아니다. 회개하고 주님과 관계를 회복하고 계속 앞으로 나아가라. 실수의 구덩이에 빠지지 마라.

고백하라

가능하다면 당신이 불쾌하게 만든 사람에게 돌아가 사과하라. 그에게 당신의 행동과 언사가 그리스도와 같지 않았으며, 주님이 당신과 그 사람 사이의 일을 바로잡기 원하신다고 알리며 그 사람에게 죄를 고백하라. 여기에 복음을 증거할 수 있는 또 다른 강력한 기회가 있다. 신자들은 완벽하지 않으며 당신이 모든 것을 망쳐서 미안하다는 점을 그들이 알게 하라.

관계 회복을 위해 노력하라

용서와 다시 시작할 기회를 구하라. 이러한 투명성, 정직, 겸손과 상심이 복음을 위한 강력한 증거가 된다. 당신의 사과가 수용된다면 관계는 지속될 것이다. 반대로 그는 계속해서 신성 모독을 하면서 당신의 사과는 곧 모든 그리스도인들이 나약하며 다른 사람들이 어떻게 생각하는지 너무 염려할 뿐임을 드러내는 것이고, 그렇게 나약한 예수님에게 아무것도 원하지 않는다고 말할지 모른다. 그럼에도 우리는 관계를 화해로 이끌기 위한 시도를 해야 한다. 그러면 하나님은 자기 목적을 이루시기 위해 당신의 노력을 사용하실 것이다.

🍃 고려해야 할 질문들

- 당신의 신앙을 나누면서 적절하지 못하게 행동한 적이 있는가? 왜 그렇게 행동했는가? 과거의 행실 때문에 지금 당신이 해야 할 것이 있는가?
- 불신자들과 예수님에 관한 대화를 나누려고 노력하는 과정에서 당신을 좌절하게 한 것은 무엇인가? 이러한 실패들이 보일 수 있는 미래 상황에 대처하기 위해 지금 해야 할 것이 있는가?

글을 맺으며

학기가 끝나갈 무렵 마크는 친구 중 하나가 예수님을 믿게 된 것에 감사했다. 로베르토는 마크가 바로 친구에게 성경 공부, 기도, 금식, 지역 교회에서 교제하도록 하는 등 영적 훈련을 시작하라고 격려하면서 영적 은사를 활용해 복음 전도에 참여하도록 이끌었다.

그러나 마크는 곧 딜레마에 봉착하게 되는데, 학교, 일, 교회 사역을 감당하면서 로베르토와 자기 친구를 모두 만날 만한 여유가 없었기 때문이었다. 마크는 로베르토가 낙담할까 염려하면서 그 소식을 전하려 했다. 그러나 로베르토는 마크가 새신자에게 시간과 애정을 쏟는 모습에 기뻐하고 있었다. 그는 마크에게 올바른 결정을 했다고 격려하고 축복하며 헤어졌다. 여름이 시작되면 마크는 자기 친구와 신앙에 관한 대화를 시작할 것이다.

어느 주일 로베르토는 마크와 이야기를 나누다가 예배가 시작되기 전에 그가 다시 멘토링을 시작할 것이라고 마크에게 귀띔했다.

"누구죠?" 마크가 물었다.

"아직 확실하지 않아요," 로베르토가 대답했다. "최근 침례(세례)를 받은 이 중 하나예요. 오늘 아침 그 사람을 기다리고 있어요. 데

이브 뭐라나. 데이브 존스인가."

"재즈맨 존스!" 마크는 소리쳤다. "당신과 빈즈 바리스타! 대단하네요."

바로 그 순간 굵고 나직한 목소리가 로베르토 뒤에서 들려왔다. "잘들 지내죠? 당신이 로베르토인가요? 목사님이 내 멘토로 히스패닉 남자가 여기서 기다리고 있을 거라고 하셨거든요? 전 재즈맨입니다."

눈이 휘둥그래지며 뱃속이 텅 빈 느낌으로 로베르토는 천천히 몸을 돌려 악명 높은 바리스타-타투-피어싱-레게드락스를 바라보았다. "전 이제 예수님을 사랑합니다"라고 재즈맨이 말했다. "그리고 형제님! 당신도 사랑합니다. 우리 이번 주 언제 만날까요?"

"기억하세요" 마크는 속삭였다. "그는 의학도이며 자기 어머니를 사랑한다고요!"

주(註)

1. Ronald F. Youngblood, ed., *Nelson's New Illustrated Bible Dictionary* (Nashville, TN: Thomas Nelson, 1995), 516.

2. Mark McCloskey, *Tell It Often, Tell It Well: Making the Most of Witnessing Opportunities* (San Bernardino, CA: Here's Life Publishers, 1986), 21-26.

3. 시편 119:11.

4. 사도행전 17:11.

5. 회개와 관련된 더 많은 구절은 다음을 참조하라:
   - 겔 14:6
   그런즉 너는 이스라엘 족속에게 이르기를 주 여호와의 말씀에 너희는 마음을 돌이켜 우상을 떠나고 얼굴을 돌려 모든 가증한 것을 떠나라
   - 겔 18:32
   너희는 스스로 돌이키고 살지니라
   - 마 3:2
   회개하라 천국이 가까이 왔느니라 하였으니
   - 막 1:15
   이르시되 때가 찼고 하나님의 나라가 가까이 왔으니 회개하고 복음을 믿으라 하시더라
   - 눅 5:32
   내가 의인을 부르러 온 것이 아니요 죄인을 불러 회개시키러 왔노라
   - 막 6:12, 행 2:38; 3:19; 8:22
   제자들이 나가서 회개하라 전파하고
   - 눅 13:3
   너희에게 이르노니 아니라 너희도 만일 회개하지 아니하면 다 이와 같이

망하리라
- 행 17:30; 20:21
알지 못하던 시대에는 하나님이 간과하셨거니와 이제는 어디든지 사람에게 다 명하사 회개하라 하셨으니
- 롬 2:4
혹 네가 하나님의 인자하심이 너를 인도하여 회개하게 하심을 알지 못하여 그의 인자하심과 용납하심과 길이 참으심이 풍성함을 멸시하느냐
- 고후 7:9
내가 지금 기뻐함은 너희로 근심하게 한 까닭이 아니요 도리어 너희가 근심함으로 회개함에 이른 까닭이라 너희가 하나님의 뜻대로 근심하게 된 것은 우리에게서 아무 해도 받지 않게 하려 함이라
- 딤후 2:25
거역하는 자를 온유함으로 훈계할지니 혹 하나님이 그들에게 회개함을 주사 진리를 알게 하실까 하며
- 벧후 3:9
주의 약속은 어떤 이들이 더디다고 생각하는 것 같이 더딘 것이 아니라 오직 주께서는 너희를 대하여 오래 참으사 아무도 멸망하지 아니하고 다 회개하기에 이르기를 원하시느니라

6 Wayne Grudem, *Systematic Theology: An Introduction to Biblical Doctrine* (Grand Rapids, MI: Zondervan, 1994), 713.

7 Thomas Watson, *The Doctrine of Repentance* (Carlisle, PA: The Banner of Truth Trust, 1987), 18.

8 에베소서 1:5.

9 회심에 대한 선견 구절은 다음을 참조하라:
신 4:30; 삼상 7:3; 왕상 8:33; 사 19:22; 55:7; 렘 3:12-14; 25:5; 35:15; 겔 18:21-23; 33:11; 욜 2:12; 암 4:6-8; 호 7:10; 말 3:7; 마 13:15; 18:3; 눅 1:16; 요

12:40; 행 3:19; 9:35; 14:15; 15:19; 약 5:19-20.

10   J. I. Packer, "Regeneration," in *Evangelical Dictionary of Theology*, 2nd ed., Walter A. Elwell, ed. (Grand Rapids, MI: Baker Academic, 2001), 924.

11   Lewis A. Drummond, *The Word of the Cross: A Contemporary Theology of Evangelism* (Nashville, TN: Broadman Press, 2000), 278.

12   선택에 관한 추가 구절들은 다음과 같다:
- 시 33:12
여호와를 자기 하나님으로 삼은 나라 곧 하나님의 기업으로 선택된 백성은 복이 있도다
- 사 41:9
내가 땅 끝에서부터 너를 붙들며 땅 모퉁이에서부터 너를 부르고 네게 이르기를 너는 나의 종이라 내가 너를 택하고 싫어하여 버리지 아니하였다 하였노라
- 렘 1:5
내가 너를 모태에 짓기 전에 너를 알았고 네가 배에서 나오기 전에 너를 성별하였고 너를 여러 나라의 선지자로 세웠노라 하시기로
- 말 1:2-3
여호와께서 이르시되 내가 너희를 사랑하였노라 하나 너희는 이르기를 주께서 어떻게 우리를 사랑하셨나이까 하는도다 나 여호와가 말하노라 에서는 야곱의 형이 아니냐 그러나 내가 야곱을 사랑하였고 에서는 미워하였으며 그의 산들을 황폐하게 하였고 그의 산업을 광야의 이리들에게 넘겼느니라
- 마 24:31
그가 큰 나팔소리와 함께 천사들을 보내리니 그들이 그의 택하신 자들을 하늘 이 끝에서 저 끝까지 사방에서 모으리라
- 마 25:34
그 때에 임금이 그 오른편에 있는 자들에게 이르시되 내 아버지께 복 받을

자들이여 나아와 창세로부터 너희를 위하여 예비된 나라를 상속받으라

- 눅 18:7

하물며 하나님께서 그 밤낮 부르짖는 택하신 자들의 원한을 풀어 주지 아니하시겠느냐 그들에게 오래 참으시겠느냐

- 요 6:64-65

그러나 너희 중에 믿지 아니하는 자들이 있느니라 하시니 이는 예수께서 믿지 아니하는 자들이 누구며 자기를 팔 자가 누구인지 처음부터 아심이러라 또 이르시되 그러므로 전에 너희에게 말하기를 내 아버지께서 오게 하여 주지 아니하시면 누구든지 내게 올 수 없다 하였노라 하시니라

- 요 13:18

내가 너희 모두를 가리켜 말하는 것이 아니니라 나는 내가 택한 자들이 누구인지 앎이라 그러나 내 떡을 먹는 자가 내게 발꿈치를 들었다 한 성경을 응하게 하려는 것이니라

- 요15:16

너희가 나를 택한 것이 아니요 내가 너희를 택하여 세웠나니 이는 너희로 가서 열매를 맺게 하고 또 너희 열매가 항상 있게 하여 내 이름으로 아버지께 무엇을 구하든지 다 받게 하려 함이라

- 행 9:15

주께서 이르시되 가라 이 사람은 내 이름을 이방인과 임금들과 이스라엘 자손들에게 전하기 위하여 택한 나의 그릇이라

- 롬 8:33

누가 능히 하나님께서 택하신 자들을 고발하리요 의롭다 하신 이는 하나님이시니

- 롬 11:5-6

그런즉 이와 같이 지금도 은혜로 택하심을 따라 남은 자가 있느니라 만일 은혜로 된 것이면 행위로 말미암지 않음이니 그렇지 않으면 은혜가 은혜 되지 못하느니라

- 갈 1:15-16

그러나 내 어머니의 태로부터 나를 택정하시고 그의 은혜로 나를 부르신 이가 그의 아들을 이방에 전하기 위하여 그를 내 속에 나타내시기를 기뻐

하셨을 때에 내가 곧 혈육과 의논하지 아니하고
- 살후 2:13
주께서 사랑하시는 형제들아 우리가 항상 너희에 관하여 마땅히 하나님께 감사할 것은 하나님이 처음부터 너희를 택하사 성령의 거룩하게 하심과 진리를 믿음으로 구원을 받게 하심이니
- 벧전 1:2
곧 하나님 아버지의 미리 아심을 따라 성령이 거룩하게 하심으로 순종함과 예수 그리스도의 피 뿌림을 얻기 위하여 택하심을 받은 자들에게 편지하노니 은혜와 평강이 너희에게 더욱 많을지어다
- 계 17:8
네가 본 짐승은 전에 있었다가 지금은 없으나 장차 무저갱으로부터 올라와 멸망으로 들어갈 자니 땅에 사는 자들로서 창세 이후로 그 이름이 생명책에 기록되지 못한 자들이 이전에 있었다가 지금은 없으나 장차 나올 짐승을 보고 놀랍게 여기리라

13   내가 이 점에 착안하게 된 것은 친구이자 동료인 티모시 베거(Timothy Beougher) 덕이다.

14   하나님의 거룩함에 대한 추가 구절은 다음과 같다:
- 삼상 2:2, 계 15:4 홀로 거룩하신 하나님
- 시 105:3 거룩한 그의 이름
- 105:42 거룩한 그의 말씀 시
- 시 138:2 거룩한 그의 성전
- 사 30:15 이스라엘의 거룩한 분
- 마 1:18 그의 거룩한 영
- 마 4:5 거룩한 그의 도성
- 막 1:24 거룩한 하나님이신 예수
- 롬 7:12 거룩한 그의 법

15   로마서 9:18.

16 J. I. Packer, *Evangelism and the Sovereignty of God* (Downers Grove, IL: InterVarsity Press, 2008), 26.

17 Ibid., 30.

18 초청의 보편적 성격에 대한 추가 구절들은 다음과 같다:
- 욜 2:32
  누구든지 여호와의 이름을 부르는 자는 구원을 얻으리니 이는 나 여호와의 말대로 시온 산과 예루살렘에서 피할 자가 있을 것임이요 남은 자 중에 나 여호와의 부름을 받을 자가 있을 것임이니라
- 마 11:25-28
  그 때에 예수께서 대답하여 이르시되 천지의 주재이신 아버지여 이것을 지혜롭고 슬기 있는 자들에게는 숨기시고 어린 아이들에게는 나타내심을 감사하나이다 옳소이다 이렇게 된 것이 아버지의 뜻이니이다 내 아버지께서 모든 것을 내게 주셨으니 아버지 외에는 아들을 아는 자가 없고 아들과 또 아들의 소원대로 계시를 받는 자 외에는 아버지를 아는 자가 없느니라 수고하고 무거운 짐 진 자들아 다 내게로 오라 내가 너희를 쉬게 하리라
- 마 22:1-4
  예수께서 다시 비유로 대답하여 이르시되 천국은 마치 자기 아들을 위하여 혼인 잔치를 베푼 어떤 임금과 같으니 그 종들을 보내어 그 청한 사람들을 혼인 잔치에 오라 하였더니 오기를 싫어하거늘 다시 다른 종들을 보내며 이르되 청한 사람들에게 이르기를 내가 오찬을 준비하되 나의 소와 살진 짐승을 잡고 모든 것을 갖추었으니 혼인 잔치에 오소서 하라 하였더니
- 눅14:21-23
  주인이 종에게 이르되 길과 산울타리 가로 나가서 사람을 강권하여 데려다가 내 집을 채우라
- 요 1:7
  그가 증언하러 왔으니 곧 빛에 대하여 증언하고 모든 사람이 자기로 말미암아 믿게 하려 함이라

- 요 1:9
참 빛 곧 세상에 와서 각 사람에게 비추는 빛이 있었나니
- 요 3:16
하나님이 세상을 이처럼 사랑하사 독생자를 주셨으니 이는 그를 믿는 자마다 멸망하지 않고 영생을 얻게 하려 하심이라
- 요 6:37, 39, 40-44, 63-68
아버지께서 내게 주시는 자는 다 내게로 올 것이요 내게 오는 자는 내가 결코 내쫓지 아니하리라 … 나를 보내신 이의 뜻은 내게 주신 자 중에 내가 하나도 잃어버리지 아니하고 마지막 날에 다시 살리는 것이니라 내 아버지의 뜻은 아들을 보고 믿는 자마다 영생을 얻는 이것이니 마지막 날에 내가 이를 다시 살리리라 하시니라 자기가 하늘에서 내려온 떡이라 하시므로 유대인들이 예수에 대하여 수군거려 이르되 이는 요셉의 아들 예수가 아니냐 그 부모를 우리가 아는데 자기가 지금 어찌하여 하늘에서 내려왔다 하느냐 예수께서 대답하여 이르시되 너희는 서로 수군거리지 말라 나를 보내신 아버지께서 이끌지 아니하시면 아무도 내게 올 수 없으니 오는 그를 내가 마지막 날에 다시 살리리라 … 살리는 것은 영이니 육은 무익하니라 내가 너희에게 이른 말은 영이요 생명이라 그러나 너희 중에 믿지 아니하는 자들이 있느니라 하시니 이는 예수께서 믿지 아니하는 자들이 누구며 자기를 팔 자가 누구인지 처음부터 아심이러라 또 이르시되 그러므로 전에 너희에게 말하기를 내 아버지께서 오게 하여 주지 아니하시면 누구든지 내게 올 수 없다 하였노라 하시니라 그 때부터 그의 제자 중에서 많은 사람이 떠나가고 다시 그와 함께 다니지 아니하더라 예수께서 열두 제자에게 이르시되 너희도 가려느냐 시몬 베드로가 대답하되 주여 영생의 말씀이 주께 있사오니 우리가 누구에게로 가오리이까
- 요 7:37
명절 끝날 곧 큰 날에 예수께서 서서 외쳐 이르시되 누구든지 목마르거든 내게로 와서 마시라
- 요 8:51
진실로 진실로 너희에게 이르노니 사람이 내 말을 지키면 영원히 죽음을 보지 아니하리라

- 요 11:26
  무릇 살아서 나를 믿는 자는 영원히 죽지 아니하리니 이것을 네가 믿느냐
- 행 2:37-39
  그들이 이 말을 듣고 마음에 찔려 베드로와 다른 사도들에게 물어 이르되 형제들아 우리가 어찌할꼬 하거늘 베드로가 이르되 너희가 회개하여 각각 예수 그리스도의 이름으로 침례(세례)를 받고 죄 사함을 받으라 그리하면 성령의 선물을 받으리니 이 약속은 너희와 너희 자녀와 모든 먼 데 사람 곧 주 우리 하나님이 얼마든지 부르시는 자들에게 하신 것이라 하고
- 행 2:21
  누구든지 주의 이름을 부르는 자는 구원을 받으리라 하였느니라
- 요일 4:15
  누구든지 예수를 하나님의 아들이라 시인하면 하나님이 그의 안에 거하시고 그도 하나님 안에 거하느니라
- 계 22:17
  성령과 신부가 말씀하시기를 오라 하시는도다 듣는 자도 오라 할 것이요 목마른 자도 올 것이요 또 원하는 자는 값없이 생명수를 받으라 하시더라

19 이러한 여러 가지 관점에 익숙해 있을 때, 존 샌더스는 내가 그때까지 접하지 못한 다른 견해들을 소개했다. *What About Those Who Have Never Heard? Three Views on the Destiny of the Unevangelized*, by Gabriel Fackre, Ronald H. Nash, and John Sanders (Downers, IL: InterVarsity Press, 1995), 13-14. 나는 복음을 듣지 못한 사람들의 운명에 관한 샌더스의 결론에는 동의하지 않지만, 그가 제시하는 것들은 오늘날 존재하는 다양한 관점들을 이해하는 데 도움이 되었다.

20 어떤 집단들에게는 그런 전통이 풍성하지만, 유아 세례나 사람에게 은총을 베푸는 침례(세례)에 대한 성서적 근거는 존재하지 않는다.

21 문맥상 이 구절은 다윗이 단순히 자신이 자기 아이 같이 무덤으로 가고 죽게 될 것이라고 인지한 것일 가능성이 더 높다.

22   Millard J. Erickson, *Christian Theology Today*, Unabridged, One-Volume edition (Grand Rapids, MI: Baker Book House, 1985), 846.

23   J. B. Lawrence, *The Holy Spirit in Missions*, 5th ed. (Atlanta, GA: Home Mission Board, 1966), 64.

24   John Stott, *Christian Mission in the Modern World*, 2nd ed. (Downers Grove, IL: InterVarsity Press, 1975, 2008), 186.

25   나는 이 정보에 대해 나의 친구이자 동료인 폴 칫우드(Paul Chitwood) 박사에게 도움을 받았다. Paul H. Chitwood, "The Sinner's Prayer: An Historical and Theological Analysis" (Ph.D. Dissertation, The Southern Baptist Theological Seminary), 2001.

26   나는 실제로 헤어디자이너가 이슬람교도였기 때문에 "이사(Isa)의 추종자"라고 말했다. 이사(Isa)는 예수를 가리키는 말이다.

27   Ronald W. Johnson, *How Will They Hear If We Don't Listen? The Vital Role of Listening in Preaching and Personal Evagelism* (Nashville, TN: Broadman & Holman Pubilshers), 1994.

28   William Fay, *Share Jesus without Fear* (Nashville, TN: Broadman & Holman Publishers), 1999.

29   또한 사도행전에서 누가는 고넬료의 집에서 한 베드로 설교를 기록했다. "그에 대하여 모든 선지자도 증언하되 그를 믿는 사람들이 다 그의 이름을 힘입어 죄 사함을 받는다 하였느니라"(행 10:43). 요한복음에서는 다음과 같이 기록한다. "영접하는 자 곧 그 이름을 믿는 자들에게는 하나님의 자녀가 되는 권세를 주셨으니"(요 1:12).

30   베드로의 오순절 설교 후에 성경은 기록하였다. "그들이 이 말을 듣고 마음

에 찔려 베드로와 다른 사도들에게 물어 이르되 형제들아 우리가 어찌할꼬 하거늘 베드로가 이르되 너희가 회개하여 각각 예수 그리스도의 이름으로 침례(세례)를 받고 죄 사함을 받으라 그리하면 성령의 선물을 받으리니"(행 2:37-38). 어떤 이들은 침례(세례)가 구원을 준다는 것을 지지하기 위해 이 구절을 사용하지만 그렇지 않다. 오히려 누군가가 예수님을 따라 죄의 용서를 받은 증거로 침례(세례)를 받는다는 것이다. 성경과 베드로의 앞으로의 설교(행 10:43 참조)는 믿음만을 통해서 은혜로 구원받는다고 말한다.

31   전도에 자주 사용하는 웹사이트 참조: http://www.sbts.edu/documents/GRACE.pdf

더 읽을 책

일반 전도

Drummond, Lewis A. *The Word of the Cross: A Contemporary Theology of Evangelism*. Nashville, TN: Broadman Press, 1992.

Johnson, Thomas P. *Charts for a Theology of Evangelism*. Nashville, TN: B & H Academic, 2007.

Reid, Alvin. *Evangelism Handbook: Biblical, Spiritual, Intentional, Missional*. Nashville, TN: B & H Academic, 2009.

개인 구원 간증과 연관된 전도 실습

Aldrich, Joseph C. *Life-Style Evangelism: Crossing Traditional Boundaries to Reach the Unbelieving World*. Portland, OR: Multnomah Press, 1981.

Barrs, Jerram. *Learning Evangelism from Jesus*. Wheaton, IL: Crossway Books, 2009. 「전도, 예수님께 배우다」. 이성우, 김영미 역. 서울: SFC 출판부, 2010.

Bright, Bill. *Witnessing without Fear: How to Share Your Faith with Confidence*. Nashville, TN: Thomas Nelson Publishers, 1993.

Coleman, Robert E. *The Master Plan of Evangelism*. 30th anniversary ed. Grand Rapids, MI: Fleming H. Revell, 1993. 「주님의 전도계획」. 홍성철 역. 서울: 생명의 말씀사, 2007.

_____. *The Master's Way of Personal Evangelism*. Wheaton, IL: Crossway Books, 1997.

Dever, Mark. *The Gospel and Personal Evangelism*. Wheaton, IL: Crossway Books, 2009. 「복음과 개인전도」. 김귀탁 역. 서울: 부흥과개혁사, 2009.

Fay, William and Linda Evans Shepherd. *Share Jesus Without Fear*. Nashville, TN: Broadman and Holman Pub., 1999.

Hybels, Bill and Mark Mittelberg. *Becoming a Contagious Christian*. Grand Rapids, MI: Zondervan, 1996.

Hybels, Bill. *Just Walk across the Room: Simple Steps Pointing People to Faith*.

Grand Rapids, MI: Zondervan, 2006. 「사랑하면 전도합니다」. 정성묵 역. 서울: 두란노, 2006.

Johnson, Ronald W. *How Will They Hear If We Don't Listen: The Vital Role of Listening in Preaching and Personal Evangelism*. Nashville, TN: Broadman and Holman Pub., 1994.

Kennedy, D. James. *Evangelism Explosion: Equipping Churches for Friendship, Evangelism, Discipleship, and Healthy Growth*. 4th ed. Wheaton, IL: Tyndale House Pub., 1970.

McCloskey, Mark. *Tell It Often – Tell It Well: Making the Most of Witnessing Opportunities*. San Bernardion, CA: Here's Life Pub., 1986.

McRaney Jr., Will. *The Art of Personal Evangelism: Sharing Jesus in a Changing Culture*. Nashville, TN: Broadman and Holman Pub., 2003.

Metzger, Will. *Tell the Truth: The Whole Gospel to the Whole Person by Whole People*. Downers Grove, IL: IVP Books, 2002.

Newman, Randy. *Questioning Evangelism: Engaging People's Hearts the Way Jesus Did*. Grand Rapids, MI: Kregel Pub., 2004. 「전도, 예수님처럼 질문하라」. 윤종석 역. 서울: 두란노, 2013.

Pippert, Rebecca Manley. *Out of the Saltshaker and into the World: Evangelism as a Way of Life*. Revised and Expanded edition. Downers Grove, IL: InterVarsity Press, 1999. 「빛으로 소금으로」. 김성녀 역. 서울: IVP, 2004.

Robinson, Darrell W. *People Sharing Jesus*. Nashville, TN: Thomas Nelson, 1995.

Spurgeon, C. H. *The Soul Winner*. New Kensington, PA: Whitaker House, 1995. 「스펄전의 전도」. 김귀탁 역. 파주: CH북스, 2017; 「영혼 인도자에게 전하는 글」. 조계광 역. 서울: 지평서원, 2012.

Thompson, W. Oscar Jr. *Concentric Circles of Concern: From Self to Others through Life-Style Evangelism*. Nashville, TN: Broadman Press, 1981.

웨슬리안/알미니안 신학

Arminius, James. *The Works of James Arminius*. Lamp Post, Inc., 2009.

Finney, Charles. *Finney's Systematic Theology*. Abridged edition. J. H. Fairchild, editor. Minneapolis, MN: Bethany Fellowship, INC., 1976.

Pinnock, Clark H. *Grace of God and the Will of Man*. Minneapolis, MN: Bethany House Publishers, 1989.

Wesley, John. *The Works of John Wesley*. 3rd edition. Grand Rapids, MI: Baker Books, 2007.

개혁주의/칼빈주의 신학

Calvin, John. *The Institutes of the Christian Religion*. Trans. Henry Beveridge. Peabody, MA: Hendrickson Publishers, 2008. 「기독교 강요」. 원광연 역. 파주: CH북스, 2015.

Packer, J. I. *Evangelism and the Sovereignty of God*. Downers Grove, IL: InterVarsity Press, 1961. 「제임스 패커의 복음전도란 무엇인가」. 조계광 역. 서울: 생명의말씀사, 2012.

Sproul, R. C. *Grace Unknown: The Heart of Reformed Theology*. Grand Rapids, MI: Baker Books, 1997.

■성경 구절 색인

창세기
3-4
3:6
3:15
12:1-3
40:8

출애굽기
33:17-23

레위기
19:2

신명기
1:34-39
4:30
29:29

사무엘상
2:2
7:3

사무엘하
2:23

열왕기상
8:33

시편
4:5
9:4
9:10
19:1
20:7
31:14
33:12
105:3
105:42
119:11
138:2

잠언
12:18
13:16
15:1
19:2

19:21
25:2
25:11
29:20

이사야
6:3
19:22
30:15
41:9
53:5
55:8
64:6

예레미야
1:5
3:12-14

에스겔
14:6
18:23
33:11

요엘
2:12
2:32

아모스
4:6-7

호세아
7:10

요나
4:11

말라기
1:2-3
3:7

마태복음
1:18
3:2
4:5
4:17
4:23

5:13-16
5:16
6:10
7:1-5
7:21
9:35
10:7
10:16
11:25-28
11:27
13:15
18:1-6
18:3
18:8
19:14
22:1-14
24:14
24:31
25:34
25:41
25:46
28:19
28:20

마가복음
1:1
1:15
1:24
1:39
2:24
5:1-20
5:7
6:12
9:43
10:13-16
10:21
11:24
13:11
14:36

누가복음
1:16
4:14
4:18
5:27-32
5:32

261
• 색인

7:50
10:2
13
13:3
14:21-23
15:7
15:10
16:23
17:13
18:1
18:7
18:13
23:42
24:46-49
24:47

요한복음
1:7
1:9
1:12
1:35-51
3
3:3
3:5-8
3:16
3:17
3:19
3:20
3:35-36
4
4:34-38
4:39
5:40
6:37-39
6:37
6:64-65
7:37
8:31-38
8:51
10:10
10:27
11:26
12:12
12:40
13:18
14:6
15:16
16:8
17:2

20:9
20:21

사도행전
1:1-8
1:8
2:21
2:37-39
2:38
3:18
3:19
4:12
4:13
4:20
4:29-31
6:10
7
8
8:22
8:26-38
8:26-40
9:15
9:35
10
10:1-8
10:5
10:42
10:43
11:21
13:48
14:15
14:21
15:3
15:19
16
16:14
16:30-32
16:31
17:11
17:30
18:9-10
20:17
20:21
21:8
24:24
26
26:18
26:20
26:22

28:23

로마서
1:15
1:16
1:16-17
1:18-25
2:4
3:9-18
3:10-12
3:23
5:8
5:12
6:4
6:14
6:23
7:12
7:15-25
7:24-25
8:7
8:29-30
8:33
9:11-16
9:18
9:33
10:1
10:14-17
10:9
10:13
10:13-14
10:14
10:17
11:5-6
11:33
12:3-8
13
14-17
14:12
15:13
16:5
17-22

고린도전서
1:17
1:18
1:21-23
1:23
1:25
1:27

2:4
2:14-15
3:23
6:11
7:14
9:16
12
12:3
14
15:1-8
16:15

고린도후서
2:15-16
4:5
4:6
4:7
5:17
5:18-20
5:20
5:21
6:2
6:14
7:9

갈라디아서
1:15-16
3:28
4:4
4:29
5:11
5:16-26
5:22-23

에베소서
1:3-6
1:4-5
1:5
1:11
2:8-9
2:10
3:16
3:20-21
4:11-12
4:14
4:22-24
6:18
6:18-20

빌립보서
2:13
4:5-7

골로새서
1:12-13
1:14
2:6
3:10
4:3
4:3-4
4:5-6

데살로니가전서
1:4-5
5:17

데살로니가후서
1:8-9
2:13
3:1

디모데전서
2:4
4:6

디모데후서
1:7
1:9
2:2
2:10
2:25
3:16-17
4:1-4
4:2
4:5

디도서
2:1
3:3-7

히브리서
4:2
4:12
11:6

베드로전서
1:2
1:3-5

1:12
2:2
2:8
2:9
3:1-2
3:1-4
3:12
3:15
3:15-16
4:10-11

베드로후서
3:9
3:18

야고보서
2:19
4:14
5:16
5:19-20

요한일서
2:29
3:9
4:7
4:15
4:16
5:4
5:18

유다서
3

요한계시록
4:8
13:8
15:4
17:8
20:10
20:11-15
20:15
21:1
21:3-5
21:9
22:17